JN101192

幼児と人間関係

―保育者をめざす―

金 俊華・垂見直樹　編著

福留留美・橋本 翼　著

同文書院

執筆者紹介

■編著者■

金　俊華（きむ・じゅんふぁ）　　　　第1章，第3章，第12章
近畿大学九州短期大学教授

垂見　直樹（たるみ・なおき）　　　　第6章，第7章，第9章
近畿大学九州短期大学准教授　　　　　第10章，第11章

■著者■　※執筆順

福留　留美（ふくどめ・るみ）　　　　第2章
近畿大学九州短期大学特任教授

橋本　翼（はしもと・つばさ）　　　　第4章，第5章，第8章
近畿大学九州短期大学准教授

まえがき

　本書は、幼稚園教諭免許状を取得するための教職課程のうち、「領域に関する専門的事項」における「人間関係」のテキストです。「領域に関する専門的事項」が取り扱う、いわゆる「5領域」に関する基礎的事項の学修を本書は担うことになります。そして、同じく教職課程における「保育内容の指導法」のうち、「人間関係（指導法）」の内容にも触れています。

　これらの科目は、多くの保育者養成校において、保育士資格取得のための必修科目にもなっていると思います。したがって本書は、保育者を目指すすべての方を対象に書かれたものです。

　幼児教育・保育は、遊びを通して総合的に子どもたちの資質・能力を育んでいくため、幼稚園教育要領、保育所保育指針、幼保連携型認定こども園教育・保育要領における5つの領域は、明確に切り分けられるものではなく、相互に重なりをもっています。そのため本書の内容も、必ずしも保育現場の中の人間関係に関する項目にとどまらず、多様なテーマが取り扱われています。

　皆さんが将来出会うことになる子どもたちが生きる時代は、VUCA（＝ヴューカ：不安定 Volatility、不確実 Uncertainty、複雑 Complexity、曖昧 Ambiguity の頭文字を並べた言葉）な時代であるといわれています。どんな社会になるのか、今の私たちには予測ができず、その時代に求められるスキルがどのようなものか、具体的に見通すことは困難です。そのような中、OECD（経済協力開発機構）は、これからの時代を生きる子どもたちに必要な力の一つに、「異なる他者と協働する力」を挙げています。これは、人間関係という領域に深くかかわっているといえます。

　子どもたちが他者との関係の中で健全に自己をはぐくみ、他者と協働しつつ、幸せに生きていくことができるよう願いながら、保育者は子どもの成長に寄り添うことが求められます。子どもの成長の伴走者として、保育者が持っておくべき視点や、具体的な知識・技術の基礎を形成する一助となれば幸いです。

2021 年 1 月

編著者　金俊華・垂見直樹

もくじ

領域「人間関係」の社会的背景

学びのポイント

● 幼児期における家庭と地域社会の重要性を理解して，その時代的変遷を知る。

● 子どもが直面する困難な経験について，「子供・若者白書」などをもとに考えを深める。

● 領域「人間関係」の諸課題は，生涯を通じた自己形成の基礎と深くかかわることを学ぶ。

① 家族，地域社会の変化

1）「家族の個人化」による人間関係への影響

　幼稚園教育要領の前文には，幼稚園と家庭・地域社会との連携について，次のように記されている。

> …各幼稚園が，（中略）幼児や地域の現状や課題を捉え，家庭や地域社会と協力して，幼稚園教育要領を踏まえた教育活動の更なる充実を図っていくことも重要である。

　さらに，第1章総則「第6 幼稚園運営上の留意事項」の2および3においても，その意義について具体的に述べられている❶。当然のことながら，領域「人間関係」の諸課題も，家庭（家族）および地域社会と不可分の関係にある。なぜなら幼児期の人間形成において，もっとも影響を与える生活環境として，家族および地域社会が重要な役割と機能を担っているからである。子どもは，家族を中心とした生活経験から幼稚園（保育所）などでさまざまな人々と出会い，価値，行動様式などを学習していく。一方，子どもにとって地域社会の人々との出会いは，家族や幼稚園（保育所）以外の「生活世界」の広がりや連続性をイメージできる重要な体験である。

　家族は出生のみならず，育児，結婚，死などの人間の一生にかかわっている。日本社会は，高度経済成長期❷を経て工業化，都市化が急激に進行した。その過程で拡大家族に代わって核家族が日本社会の家族形態の中心を占めるようになった。さらに，近年の少子化，高齢化，晩婚化，非婚化の到来などの問題は，日本人の家族に対する意識を余儀なく変化させている。たとえば，「男は仕事，女は家事・育児」といった性別役割分担に支えられてきた父親を中心とした家族内部における人間関係の変化である。

❶ 巻末資料・幼稚園教育要領 p.108 を参照。

❷ 1955（昭和30）年から1973（昭和48）年にかけて，経済成長率が年平均10%に達していた期間。1968（昭和43）年には国民総生産（GDP）が世界2位となるなど，日本は経済大国に発展した。

このような家族に対する意識の変化を端的に示す資料として，「日本人の意識調査（NHK 放送文化研究所編）」に関する社会学者の見田宗介による指摘がある（2015）。見田は，同調査のデータ分析を通して，「戦後世代」から「団塊世代」，「新人類世代」，「団塊ジュニア世代」へと世代を経る過程で見られる変化を「近代家父長制家族」のシステムと連動するメンタリティーの解体であると説明している。従来の日本社会が求めてきた模範的家族像としての「近代家父長制家族」はもはや幻想にすぎず，諸項目にみられる日本人の意識の変化は，確実に子どもの教育の諸相にも影響を及ぼしていると指摘している（NHK 送文化研究所編『現代日本人の意識構造〔第八版〕』2015, p.75）。

2）子どもの遊びの変化が表す地域社会の喪失

従来の日本社会においては，子どもの養育（教育）に家族のみならず，親族集団や地域社会の介入がみられた。たとえば，子どものさまざまな通過儀礼（宮参り，七五三，成人儀礼など）には，親族や地域共同体も一体となって参加していた。また，子どもの進学，就職，結婚の世話や相談などにも両者は積極的に介入していた。しかし核家族化が進み，「家族のプライバシー」を獲得する代わりに，親族集団や地域社会との紐帯を緩めることになり，それぞれが担ってきた役割も変化している。さらに，今日の「家族の個人化」によって，家族，親族集団，地域社会の3者間のコミュニケーションの希薄化がより一層強まったのである。

また，地域社会における子どもの遊びにも変化が生じている。たとえば，1980年代以後，幼児教育研究のさまざまな分野で指摘されてきた「三間の喪失」である。子どもの遊ぶ「時間」，「仲間」，「空間」の物理的な激減を意味するこの言葉は，塾や習い事に追われて遊ぶ「時間」が少ない，少子化が進み異年齢の遊び「仲間」や同年齢の遊び「仲間」が形成されない，路地裏のような遊びまわる「空間」が存在しなくなった現状を物語っている。外遊びおよび集団遊び，また，地域社会において受けついできた伝承遊びなどに興じる文化も乏しくなったといわれている。遊びの変化は，子どもの対人スキルや人間関係の学習の「場」として機能していた「地域社会」の喪失を意味する。

3世代家族も減少し，子どもが親以外の大人とかかわる機会も相対的に少なくなった。言い換えれば，地域社会の人々の間で維持されてきたさまざまな人間関係は希薄になり，従来の「共同体」としての機能は脆弱なものとなったのである。

このような社会的背景を「家庭・地域の教育力の低下」という。その根底にあるのは，本来あったはずの「家庭・地域社会の教育力」の再生をめざすべきという考え方である。学校・家庭・地域社会の役割と連携のあり方を模索する場合，個々の「家庭」の問題であると同時に社会全体の問題でもあると認識することが必要といえる。また，今日の地域社会を構成する人々の多様性にも配慮すべきである。たとえば，グローバル化による外国人居住者増加など，実にさまざまな背景をもった住民が日本の各地で生活をしている❶。

❶ 外国人居住者の増加 ➡ 第12章参照。

　また，教育社会学者の広田照幸の指摘（1999）にも注目しておく必要がある。広田は，近年の核家族化，少子化によって「家庭の教育力が低下している」という言説を批判的に検討している。つまり，学校と地域社会の役割分担がうまく機能せず，家庭がしつけを含む教育に関する最終的な責任を負わざるを得なくなっているのが現状であるという。教育基本法の第13条は，学校・家庭・地域住民（地域社会）の3者間の有機的な連携協力関係のもとで教育が行われるべきとしている。また，幼稚園教育要領第1章総則の「第3　教育課程の役割と編成等❶」においては，「教育課程の編成についての基本的方針が家庭や地域とも共有されるよう努めるものとする」としている。このような幼児教育における家庭および地域社会との連携の意義を踏まえ，幼児期の人間形成を考えるうえで，それぞれが果たすべき役割と機能に注意を払う必要がある。

❶ 巻末資料・幼稚園教育要領 p.105 を参照。

② 子ども・若者の「個性」と「人間関係」

1）アイデンティティの自覚と他者感覚の欠如

　今日の子ども・若者の「個性」と「人間関係」について考えるうえで参考になるデータがある。内閣府の「子供・若者の意識に関す調査（対象：満13〜29歳の子供・若者10,000サンプル）」の結果を特集した「令和2年版　子供・若者白書❷」である。同調査の「人生観・充実度」に関する質問項目には，「自分には自分らしさというものがあると思う」という設問がある。この問いに対し，「あてはまる」または「どちらかといえばあてはまる」と回答したのは，全体の70.5％である。ちなみに，2016（平成28）年度の同調査では71.8％であった。この結果は，「自分らしさ」の定義は曖昧ではあるが，調査対象者の約7割弱が，「個性」あるいは自分の「アイデンティティ」を自覚しているとみなすことができる。

　2008（平成20）年，「生きる力」の育成が学習指導要領の基本理念として確立された。その答申（2008〈平成20〉年1月17日中央教育審議会）において「生きる力」は以下のように記されている。

❷ 2020（令和2）年7月内閣府。
https://www8.cao.go.jp/youth/whitepaper/r02honpen/pdf_index.html

---

変化の激しい社会を担う子どもたちに必要な力は，基礎・基本を確実に身に付け，いかに社会が変化しようと，<u>自ら課題を見つけ，自ら学び，自ら考え，主体的に判断し，行動し，よりよく問題を解決する資質や能力，自らを律しつつ，他人とともに協調し，他人を思いやる心や感動する心などの豊かな人間性</u>，たくましく生きるための健康や体力などの「生きる力」であるとの理念に立脚している。（下線，筆者）

　以後，学校教育において，以前にもまして子どもの主体性，自律性などを育むことが重視されるようになり，家庭における子どもの接し方にも変化が生じている。親の強圧的なしつけや養育の場面が減少し，子どものプライバシーを尊重す

るようになり，子どもを一人の独立した人格として認めるようになってきたのである。ただし逆説的ではあるが，このような「個性尊重」の高まりは，子どもや若者にとっては，「生きる力」の具現化のために，以前よりもまして，「個性の確立」が要求されるようになったことを意味する。結果的に，子どもや若者自身も，「個性」をもった自分という存在を積極的に模索せざるを得なくなったといえる。

　「本当の自分」を発見すべく苦悩する「自分探し」は，十数年前までは，マスメディアが頻繁に取りあげる題材でもあった。社会学者の土井隆義は，このような時代の変化を著書『「個性」を煽られる子どもたち』の中で，「子どもから青年まで，最近の若者たちは個性的であることを『キャラがたつ』と表現します。そして，自分もまた『キャラのたつ』個性的な人物でありたいと切に願っています。」と述べている（土井 2004，p.24）。さらに，現代の若者が持つ個性感覚が「社会性志向」と乖離（かいり）している諸相をも指摘している。本来，個性とは他者との相対化の過程で得られるものであり，人間関係のなかで培っていくものであるが，現代の子ども・若者には，この感覚の欠如がみられるというのである。

２）「人間関係」に苦悩する子どもと若者

　前述の調査のもう１つのデータに注目してみよう。「子供・若者が抱える困難について」の章において，「今までに，社会生活や日常生活を円滑に送ることができなかった経験（以下，「困難経験」という）があったと思いますか」という問いに対し，「あった」または「どちらかといえばあった」の回答は49.3％である。「なかった」または「どちらといえばなかった」と回答した39.7％より高い結果となった。調査対象者の約半分が，社会生活や日常生活において何らかの困難を経験していることになる。

　さらに，その回答者（4,931名）に対して，困難経験の主な理由について「自分自身」，「家族・家庭」，「学校」，「仕事・職場」という問題ごとに分けてたずねている。右の図１－１が示すとおり，困難経験の主な理由（複数回答）として「自分自身の問題」が66.8％でもっとも高く，「学校の問題」29.6％，「家族・家庭の問題」26.9％，「仕事・職場の問題」23.9％の順である。

　表１－１は，問題ごとに主な理由を具体的な選択肢でたずねた回答の結果から上位２つをまとめたものである。「人づきあいが苦手だから」，「家族内の不和や離別があったから」，「集団行動が苦手だったから」，「友達との関係が悪かったから」，「上司や同僚との関係が悪かったから」など「人間関係」に関連する選択肢が問題ごとの上位を占めている。

　図１－１と表１－１を重ね合わせると，「人間関係」に苦悩する子ども・若者の姿が浮き彫りになっているようにもみえる。しかし，白書特集の「おわりに」で言及している通り，調査対象者の約半数が「困難経験」があったということ自体は特別なことではない。ここで「子供・若者白書」のデータを紹介するのも，「個性」を特定社会集団において発揮できることの困難さを説明するためである。

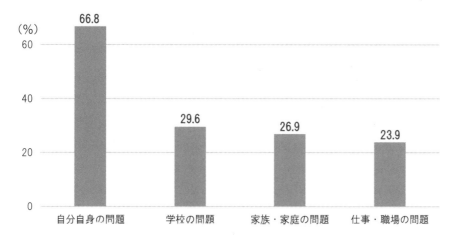

図1-1 困難経験の主な理由として特に影響が強かったこと

困難経験が「あった」または「どちらといえばあった」と回答した者（4931名）のみ
の回答 ※選択肢複数回答可

資料）内閣府「令和2年版 子供・若者白書」2020

表1-1 問題の種類ごとの主要因の上位2位

問題の種類		主な理由	割合
自分自身	1位	人づきあいが苦手だから	55.4%
	2位	何事も否定的に考えてしまったから	32.4%
家族・家庭	1位	家族内の不和や離別があったから	15.6%
	2位	親（保護者）への反発があったから	12.2%
学校	1位	集団行動が苦手だったから	23.6%
	2位	友達との関係が悪かったから	21.6%
仕事・職場	1位	職場になじめなかったから	15.5%
	2位	上司や同僚との関係が悪かったから	14.4%

困難経験が「あった」または「どちらといえばあった」と回答した者（4931名）のみ
の回答 ※選択肢複数回答可

資料）内閣府「令和2年版 子供・若者白書」2020

　人間の一生は，家族・親族集団を基本に，地域，学校，職場などのさまざまな
社会集団とのかかわりの連続であり，特定社会集団における人とのかかわりは，
実にさまざまな難しい側面を抱えている。その意味で，現代社会を生きる私たち
は，誰もが多かれ少なかれこのような「困難経験」と向きあって生きているので
ある。

　領域「人間関係」の目標の一つは，子どもが自らを律しつつ，他者との出会い
を通して自分の「個性」を相対的に形成することにあるといえる。また，その「個

性」は，社会集団の規範，価値，道徳性の範疇を超えられないという事実に気づくことにある。それは，子どもが集団生活における具体的・直接的な体験によってはじめて可能となる。言いかえれば，他者との協調や人とのかかわりの本質は，社会的存在としての自己を形成することであるといえる。

③ 社会的存在としての自己

1）社会化と文化化

　日本の幼児教育は，幼児期に育むべき資質と能力を幼児の発達の側面からとらえ，5つの領域にまとめて提示している。その1つである「人間関係」は，人とのかかわりに関する領域である。幼稚園教育要領，保育所保育指針，幼保連携型認定こども園教育・保育要領のいわゆる「3法令」は，領域「人間関係」のねらいを「他の人々と親しみ，支え合って生活するために，自立心を育て，人と関わる力を養う」としている❶。この記述は，子どもが成長を通して社会生活を営むために必要なもっとも基本的な事柄を表現しているのである。

　子どもは，成長の長い道程において，個人としての自己と社会との絶え間ない葛藤と調和の繰りかえしを経験することになる。なぜなら，人とかかわる力の習得には，その営みを前提にしている「社会（＝家庭・幼稚園・保育所・地域社会など）」の「規範・価値（＝ルール・文化）」を内面化する必要があるからである。このような内面化の過程を社会化（socialization），あるいは文化化（enculturation）という。その定義をもう少し，厳密に確認しておこう。

　社会化は，多くの社会学者によって，多様な文脈において展開され検討されてきた概念である。ここでは，限定的に次のように定義しておく。社会化とは，人間が他者との相互作用を通じて，行動様式（価値，信念，態度，知識，技術など）を獲得していく過程である。それに対して文化化は，主に文化人類学者によって説明されてきた概念である。基本的には，人間の行動様式（価値，信念，態度，知識，技術など）をより広い視野で捉え，文化伝達の営みとしてみなす考え方である。社会は，大人の世代が次の世代に行動様式や思考を伝達し，再生産することで持続可能になると考えられ，人間は出生から大人になるまで自分の属する社会の文化を習得していく存在とみなされている。他者との相互作用を通して特定社会（集団）の行動様式を内面化する点では，社会化と同じ意味で理解しても構わない。たとえば，文化人類学者の江淵一公は，文化化とは，「特定の言語及び非言語的行為を媒介として，特定の行動型（感覚・運動的，感情的，認知的反応様式）を個人の内面に体制化していくことである」という（江淵 1985, p.39）。

2）領域「人間関係」が見すえる社会的自己形成

　人間は，社会生活を営むために，自立心などの自己内面の発達を成し遂げながら，他者とのかかわりを通して，社会的存在としての自己を構築していかざるを

❶ 巻末資料・幼稚園教育要領 p.110「人間関係」の項を参照。

えない。また，特定社会がその集団を維持・継続していくためには，新しい成員に，いかに行動すべきかについての知識・技能・価値などを獲得させなければならない。その意味で人とかかわる力は，特定集団における自分とは異なる他者との競争，対立，共感，協同などの多様な経験を繰りかえす過程で獲得できる産物であるといえる。

　ここで，幼児教育における「自己」と「社会」は，二項対立の図式としてとらえるべきでないことを確認しておく。子どもの社会化の過程では社会的規範が子どもの行動を制限し，葛藤を経験する場面も生じるのである。しかし，「自己」そのものを抑圧するものとして「社会」を捉える視点（研究）もあるが，幼稚園教育要領や保育所保育指針の基本的考え方の範疇を超えているので，ここでは検討しないことにしておく。また，社会化の概念は，自己は生得的概念ではないことを前提として成立する。つまり，子どもはあらかじめ自己をもって生まれてくるわけではなく，社会化を通して自己を形成させざるをえないということである。この文脈において社会化は，社会的存在としての自己を獲得していく過程であるといえる。

　領域「人間関係」の諸課題は，子ども一人ひとりの一生の「物語」に深く関与するといえる。それは，人とかかわる力のもっとも基礎（土台）となる経験こそが，生涯を通して実現すべき多様な社会集団への適応の導きとなるからである。幼稚園（保育所など）を卒園した子どもは，学校教育を終え，成人になり，職業に就き，結婚し，新たな家族を持ち，親になって，退職し，老いていく。当然，各社会集団における地位も，求められる役割や期待されることも，状況によって変化するのである。その意味で，社会化の過程は連続しており，決して終わることはない。それは，人間の一生を通して「家族」，「保育所・幼稚園」，「学校」，「職場」などのさまざまな社会集団をたどる長い道程になぞらえられる。

　領域「人間関係」は，多様な他者と出会える幼稚園（保育所など）の「生活世界」を主に問題にしているが，その究極的「ねらい」が見すえるゴールは，幼稚園（保育所など）の外に広がる「生活世界（社会）」なのである。

【参考文献】
■ 江淵一公「文化化と教育」，綾部恒夫編著『新編・人間の一生』アカデミア出版，1985
■ NHK放送文化研究所編『現代日本人の意識構造〔第八版〕』NHK出版，2015
■ 土井隆義『「個性」を煽られる子どもたち－親密園の変容を考える』岩波書店，2004
■ 内閣府「子供・若者白書（令和2年度版）」2020
■ 広田照幸『日本人のしつけは衰退したか―「教育する家族」のゆくえ』講談社，1999
■ 文部科学省「幼稚園教育要領解説」2018

第1章【学びのふりかえり】

次の5つの問いに答えてみよう。

①「三間の喪失」が表す3つの間について，子どもの遊びにおける変化を説明してみよう。

・時間：

・仲間：

・空間：

② 教育基本法の第13条では，子どもの教育における「学校」「家庭」「地域社会」の関係について，どうあるべきとしているか記してみよう。

③「子供・若者白書」の調査結果で，現在の子どもが直面する「困難経験」で多くを占めているものは何か。その要因とともに記してみよう。

④ 保育3法令に示されている領域「人間関係」のねらいについて，以下の空欄を埋めてみよう。

（　　　　　　　　　　）を育て，（　　　　　　　　　　）力を養う

⑤ 本章では「領域「人間関係」が見すえるゴールを「生活世界（社会）」としているが，その理由を自分なりに説明してみよう。

子どもの発達と人間関係

学びのポイント

● 乳幼児期の発達過程について，主要な理論を理解する。

● 乳児期の「発達課題」とともに，文化と発達課題のかかわりを知る。

● 子ども同士の仲間関係と，保育者のかかわりについて考えを深める。

---

① 乳幼児期における人間関係の理解

1）心身の成長に必要な情緒的人間関係への注目

　精神分析学の創始者として有名な**フロイト**❶は，精神科での治療経験を通して，発達初期の母子関係や家族関係のあり方が後の人格形成に重要な影響を与えると指摘した。その後，フロイトに教育分析を受けた**スピッツ**❷は，写真や画像分析といった当時では珍しい研究手法を用いて，フロイトの発達理論を実証しようと試みた。その結果，母親のもとから長期間離されていた乳児には，体重減少や睡眠障害，無表情などが多く見られ，情緒的な養育性を備えていない施設で育てられた乳児には無関心や発達的な遅れが生じる現象（ホスピタリズム：施設病，1945）があることを報告した。ホスピタリズムは後に，その原因が施設そのものにあるのではなく，母性的な愛情に満ちた養育性の欠如によるものと捉えられ，**マターナル・デプリベーション**（母性はく奪）❸と呼ばれるようになった。

　またスピッツは，乳児が人の顔を追視し，誰彼となく無差別に微笑する「3か月微笑」（社会的微笑）が，発達とともに徐々に減少して，中心的に世話をしてくれる人に焦点化して微笑むようになり，見知らぬ人には拒否や恐怖を示す「8か月不安」（人見知り）を示すことを見出した。

2）愛着の形成と子どもの発達

　普段長く世話をしてくれる特定の養育者に対しては明らかに他者と異なる喜びの反応を見せ，その人の姿が見えなくなると不安な表情をして，見知らぬ人を拒否するなどの人見知りの行動は，養育者以外の者との間で何か嫌な体験をしたからではなく，心地よい体験を多く提供してくれる人のイメージが内的に蓄積され，心理的な絆ができた証（あかし）と考えられる。このような特定の人に対して持続する情緒的な結びつきの現象は「愛着」（アタッチメント：attachment）と呼ばれている。

　ボウルビィ❹は，マターナル・デプリベーションの研究を発展させて，愛着に

❶ Freud,S.（1859 ～1939）。ヒステリー治療の研究を発展させ，精神分析学を確立。『夢判断』『精神分析入門』などを著し，20世紀の思想に大きな影響を与えた。

❷ Spitz,R.A.（1887 ～1974）。オーストリア出身。フロイトに師事し，精神分析医として乳幼児の精神発達やホスピタリズム研究に従事した。

❸ 乳幼児が，母親あるいはそれに代わる養育者との間の親密で幸福感に満ちた交流を，継続的に奪われた状態をいう。

❹ Bowlby,John（1907～1990）。イギリスの児童精神医学者。母子の愛着関係を人格形成の核になるものとみなした。

表2-1 愛着の発達段階

第1段階： 出生～12週	**無差別的な社会的反応の段階**
	特定の人ではなく周囲の人々に興味を示し，注視や喃語，泣きなどの定位行動や発信行動をする。
第2段階： 2・3か月～6か月	**焦点化された社会的反応の段階**
	特定の人（多くは母親）に対して他の人とは異なる積極的な微笑や発声，泣きなどの発信行動を行うようになる。
第3段階： 6・7か月～2・3歳	**愛着対象への能動的な接近の段階**
	愛着対象に対して，後追い，抱きつき，歓迎行動など積極的な接触行動や分離不安を示す。愛着対象を精神的な安全基地として，周囲を探索し，不安な時は戻ることをする。
第4段階： 3歳以降	**愛着の内面化の段階**
	愛着の対象は内面化され，目前にいなくても安定することができる。接触などの愛着行動はむしろ減少する。

関する発達段階理論（1969）を確立させた。愛着は**表2-1**のように発達し，各段階で対象と行動が異なるとされている。なお，「愛着」と呼ばれているものには二つの側面があり，子どもから対象者に向けて表される具体的な「愛着行動」と，情緒的な結びつきとしての「愛着関係」は区別される。「愛着行動」には，泣きや微笑などの発信行動，注視や後追いなどの定位行動，抱きつきなどの能動的身体接触行動がある。このような「愛着行動」は，内的な絆としての「愛着関係」を形成するための社会的行動として発達すると考えられる。

　愛着の対象から自立する時期を「移行期」といい，子どもが不安な時や寂しい時に，遊び慣れたぬいぐるみを抱きしめたり，毛布を離さないなどの行動を見せるようになる。このような，母親などの愛着対象の代わりに安心感を求める対象となる物を特に「移行対象」と呼ぶ。子どもにとっては不安を癒してくれる大切な物であることを，養育者は理解して対応する必要がある。

3）特定個人への愛着から愛着ネットワークの形成へ

　初期の愛着研究においては，マターナル・デプリベーション（母性はく奪）という言葉に代表されるように，育児における母親の役割や母性的養護の重要性が指摘されたことから，「女性には母性が本能的に備わっているから，育児を上手にこなすのが当たり前」などのいわゆる"母性神話"や，「3歳までは母親が育てるのが一番」といった"3歳児神話"が広く信じられるようになった。その結果，子育てをする女性たちを悩ませるという現象が起き，現在でもその風潮は続いているといえる。しかし，子育ての力は子どもとの交流の中で育つものであり，性によってあらかじめ決まっているものではない。近年の研究（柏木・若松，1994）では，育児参加をよくする父親の子どもに対する感情は母親と類似して

いることが示されており，母性・父性という用語に変わって，幼いものをいつく
しみ育てるという意味の養護性という言葉が広く用いられるようになっている。

　さらに，愛着の対象となるのは，赤ちゃんの特性や状態に見合った刺激を送っ
てくれる人や自分の信号を良く読み取ってくれる人が焦点づけられ，必ずしも母
親に限定されない。父親や兄弟，保育者，祖父母など，適切な応答をしてくれる
人を選び，また場面によって選択する人が変わる。抱っこはお母さん，お風呂は
お父さん，遊びはお兄ちゃん，保育園では保育士というように場面によって好き
な対象を選択するということはよく観察されることである。

　以上のように，愛着は母親への愛着から始まり，そこを基盤に他の人へと派生
すると長く考えられてきた。しかし，子どもは幼少期からさまざまな人に関心を
持ち，複数の人と異なった愛着関係を同時に作ることができる。そのため，近年
では特定個人への愛着というより社会的な愛着ネットワークを形成しながら，そ
の中で子どもは成長すると考えられるようになっている。

② ライフサイクルから見た乳幼児期の「発達課題」

1）乳幼児期の「発達課題」

　社会・文化的な背景を重視した**エリクソン**[1]は，ある発達段階にはそれを獲得
しておくと次の時期が生きやすくなるような発達上の課題があると考え，「発達
課題」の獲得と「危機」のせめぎあいによって生涯発達の様相が決まるとする，
ライフサイクル論を提唱した（1982）。

　彼の心理社会的発達理論によると，1歳半までの乳児期の「発達課題」は，人
に対する**"基本的信頼感"**を獲得することとされている。乳児は生命維持のため
にも周囲の大人に全面的に依存する存在であり，生命体としては無力だが，周囲
に対しては敏感にアンテナを張り，信号を送受信して生きている。赤ちゃんが空
腹で泣いた時に優しい声と共にミルクが与えられ，眠い時に大声で泣きわめいて
も抱き上げられ，うれしい時にはしゃぐと笑顔が返されるなど，周りにいる人々
が適切に共感的な対応を繰り返してくれると，赤ちゃんは泣いても笑っても人々
からありのままの自分を受け入れてもらえたと感じ，安心して人に信頼を寄せる
気持ちを持つようになる。と同時に，自分自身に対しても信頼して希望を持って
生きる態度を身につけることができる。一方，赤ちゃんが一生懸命救援を求める
サインを発信しているのに，的外れな働きかけしか得られなかったり，無視され
たり，逆に攻撃されるなどの適切でない対応や虐待を受けると，**"基本的信頼感"**
は「危機」を迎え，**"基本的不信感"**を抱くことになる。このような状況が長く
続くと，赤ちゃんは周囲に働きかけることを諦め，人を信頼することや自分を信
じて希望を持って生きるという態度を身につけることが難しくなる。

　次の1歳半から3歳までの幼児期前期の「発達課題」は，**"自律性"**とされている。
自力で移動ができ，自分で食べることができ，言葉で意思を伝えるなど，運動能

[1] Erikson,E.H.
（1902〜1994）。デ
ンマーク出身の精神分
析家。心理学者や文化
人類学者との交流を経
て，人間の生から死に
至るまでの総合的な発
達論を提唱した。

力や認知機能が飛躍的に伸びると，“何でもしてもらっていた乳児”から“何でも自分でしたい幼児”へと変容する。

　一方で，社会文化的な教育としてのしつけが開始される時期になり，子どもと世話をする大人との関係は大きく変化する。おむつを替えてもらっていた状態から，自分の身体感覚をコントロールしてトイレという決められた場所で用を足すことを教えられる。上手にできるとほめられるが，失敗すると恥ずかしい思いをしたり，できないかもしれないと不安にもなるので，この時期の「危機」は**“恥・疑惑”**とされている。周囲の人々とのかかわりの中で，子どもは自分をコントロールする自律性を身につけるようになる。

　次の4歳から6歳までの幼児期後期の「発達課題」は，**“積極性（自発性）”**とされている。今まで以上に心身の力がつき，興味のあることは何でもやってみたい子どもと，周囲の雰囲気や危険物の存在を教えたい大人との間で心理的な衝突が頻繁に起こるようになる。子どもは積極的に外界に働きかける体験を通して新しい発見をし，自信をつけていくが，大人の強すぎる禁止や叱責が長く続くと，その機会が奪われることになる。行動を起こすことに慎重になり，失敗に対する**“罪悪感”**を「危機」として経験する。人生早期からの周囲の人々との人間関係の中で，どのように肯定的な体験を獲得し，否定的な失敗体験に耐え，また克服するかによって，その後の人としての精神的基盤の様相に違いが現れると考えられている。

2）次世代の社会・文化の形成を担う「発達課題」
　このような「発達課題」は，人間社会で生きていくうえで普遍的なものではあるが，一方で，時代や社会・文化が変わると求められる性質やよしとされる行動は変化すると言える。母親を対象とした“いい子”と考える性質についての調査（総理府〈現内閣府〉，1981）では，日本の母親が選択した特性は，1位「基本的生活習慣」，2位「規則を守る」，3位「辛抱・努力」であったのに対して，アメリカでは，1位「独立性・リーダーシップ」，2位「基本的生活習慣」，3位「異なった意見への寛容」であった。

　また，日本の特徴として性差による違いがある。子どもへの学歴期待についての調査（総務庁〈現総務省〉，1995）では，アメリカと韓国では男女ともに約8割が「大学以上」であったのに対して，日本では男児に対して7割，女児に対しては4割が「大学以上」を期待するという結果であり，今なお性による役割期待に差があることが示された。

　親や社会が子どもに対して期待する性質や行動特性は，「発達課題」（しつけ）として子どもに伝えられ，その国の文化が形成される。次世代を育成する保育や教育に当たっては，子どもたちの発達時期にふさわしい生活を充実させると同時に，将来どのような大人社会を作るのかという未来への期待も込める必要があると言える。

❸ 子ども同士の人間関係

1） 遊びの中での仲間関係の発達

　世話をしてくれる人への「愛着」や社会が期待する乳幼児期の「発達課題」は，主に周囲の大人との相互関係で形成されるものである。同様に，子どもの発達にとって重要な役割を果たすのが，子ども同士の人間関係である。子ども同士が関係を形成し展開することは，簡単そうに見えて実は大変難しく，発達的にさまざまな能力が準備される必要がある。

　子ども同士の遊びの形態は，3歳頃までのお互いが近くにいても別々のことをしている平行（並行）遊び，3歳台に見られるおもちゃを介したやり取りが起こる連合遊び，4歳以後はお互いが物を介して，共通の話題で遊びが展開する協同遊びへと発達する❶。遊びを通して仲間関係が発展するには，自分だけを特別扱いしてくれる大人とではなく，時にはぶつかったり，気に入らないことをしてくる周りの幼児と一緒にいることができなければならない。おもちゃを介したやり取りが起こるには，他児の存在に関心を持ち，自ら働きかけ，相手の反応を待って次の行動を起こすという一連のやりとり行為ができなければならない。共通の話題でつながるには，物（積木）を別の何か（車）に見立てる力や遊びのルールを理解することができなければならない。このようなさまざまな能力が背景に備わって初めて，遊びの中で仲間関係が成立するのである

❶ 第5章 p.41 も参照。

2） 仲間関係での個々の子どもの理解

　いろいろな場面で見られる子どもの様子から，一人ひとりの行動特性を理解することができるが，特に集団保育の場では，家庭とは異なる同年齢の仲間との関係性が観察される。他児からの働きかけにうまく応えられない子ども，自分の思いを言葉で表現できない子ども，すぐに友だちに手が出る子ども，大勢の人の前でも物おじしない子ども，他児の世話が好きでかいがいしく動く子ども，自分の要求を強く押し通す子どもなど，行動特性はさまざまであるが，子どもをよく理解するには，背景にあるそれぞれの子ども特有の持って生まれた資質と育ちの環境を常に念頭に置いて対応する必要がある。

【引用・参考文献】
■ 鹿取廣人『障がい児心理学への招待』サイエンス社，2013
■ 柏木恵子・古澤頼雄・宮下孝広『新版　発達心理学への招待』ミネルヴァ書店，2005
■ 柏木恵子・若松素子「『親となる』ことによる人格発達：生涯発達的視点から親を研究する試み」 発達心理学研究，5，72-83，1994
■ 大日向雅美『母性神話の罠』日本評論社，2015
■ 諏訪きぬ編著『現代保育学入門』フレーベル館，2001
■ 総務庁青年対策本部「子どもと家族に関する国際比較調査」1995
■ 総理府青少年対策本部「国際比較　日本の子供と母親」1981

■髙橋雅延・谷口高士編著『感情と心理学』北大路書房, 2002
■氏原寛・亀口憲治・成田義弘・東山紘久・山中康裕『臨床心理学大事典』培風館, 1992
■矢野喜夫・落合正行『発達心理学への招待』サイエンス社, 1991

第2章【学びのふりかえり】

①ボウルビィの発達段階理論における，各段階の子どもの特徴を書いてみよう。

第1段階：無差別的な社会的反応の段階

第2段階：焦点化された社会的反応の段階

第3段階：愛着対象への能動的な接近の段階

第4段階：愛着の内面化の段階

②エリクソンのライフサイクル論について，各年齢で獲得すべき「発達課題」と「危機」の具体的行動を説明してみよう。

	発達課題	危機
1歳半まで （乳児期）	・基本的信頼感	・基本的不信感
1歳半〜3歳 （幼児期前期）	・自律性	・恥・疑惑
4歳〜6歳 （幼児期後期）	・積極性（自発性）	・罪悪感

領域「人間関係」のねらいと内容
ー「幼稚園教育要領」を中心にー

学びのポイント

● 幼児教育における「育みたい資質・能力」と「幼児期の終わりまでに育ってほしい姿」について知る。

● 領域「人間関係」のねらいと内容について，3法令の変遷とともに理解する。

● 領域「人間関係」の「内容」を「幼児期の終わりまでに育ってほしい姿」等と関連させて理解を深める。

---

① 幼児期に育むべき資質と能力

1）保育3法令が示す幼少接続

　2017（平成29）年告示の幼稚園教育要領，保育所保育指針，幼保連携型認定こども園教育・保育要領には，幼児期に「育みたい資質・能力」に関して，幼児教育を通して生きる力の基礎を育むため，次に掲げる資質・能力を一体的に育むよう努めるものとすると明記されている❶。

❶ 巻末資料・幼稚園教育要領 p.103 第1章総則の第2を参照。

（1）豊かな体験を通じて，感じたり，気付いたり，分かったり，できるようになったりする「知識及び技能の基礎」

（2）気付いたことや，できるようになったことなどを使い，考えたり，試したり，工夫したり，表現したりする「思考力，判断力，表現力等の基礎」

（3）心情，意欲，態度が育つ中で，よりよい生活を営もうとする「学びに向かう力，人間性等」

　この改訂（定）は，小学校以後の「学習指導要領」の基本理念である資質・能力の「3つの柱」（「知識及び技能」，「思考力，判断力，表現力」，「学びに向かう力，人間性等」）を幼児教育においても取り入れたことになる。つまり，幼児期において「3つの柱」の基礎を培うという基本方針を示し，幼稚園（保育所・幼保連携型認定こども園）においては，その具現化に向けて創意工夫しながら，教育活動に取り組むことが求められるようになった。また，この「3つの柱」の基礎は5領域（健康，人間関係，環境，言葉，表現）のねらいおよび内容に基づく活動全体によって育むものであるとしている。

　「幼稚園教育要領解説」では，「実際の指導場面においては，『知識及び技能の基礎』，『思考力，判断力，表現力等の基礎』，『学びに向かう力，人間性等』を個

別に取り出して指導するのではなく，遊びを通した総合的な指導の中で一体的に育むよう努めることが重要である」としている。このような改訂の根底には，幼児期においては育むべき資質と能力をより明確にし，幼児教育と小学校以後の教育活動の接続を一層強化すべきであるというねらいがある。

2）「幼児期の終わりまでに育ってほしい姿」の要点

　小学校教育との接続を考える際，幼児教育が小学校の下請けではないということは言うまでもない。1989（平成元）年の第2次改訂まで，幼稚園教育要領は「健康」「社会」「自然」「言語」「音楽リズム」「絵画制作」の6領域として提示されていた。その改訂以前には，幼児教育の現場では「領域」を小学校の「教科」と誤解して，領域別のカリキュラムが編成されたりする混乱がみられたという。このような誤解と混乱を取り除くために，現行の5領域の編成に改訂され，幼児教育の基本を逸脱しない配慮が求められた経緯もあわせて理解しておく必要がある。

　さらに2017（平成29）年の告示では，「幼児期の終わりまでに育ってほしい姿」が明示され（**表3-1**），5領域の「ねらい及び内容に基づく活動全体を通して資質・能力が育まれている幼児の幼稚園（保育所・幼保連携型認定こども園）修了時の具体的な姿であり，教師（保育士・保育教諭）が指導を行う際に考慮するものである」としている（幼稚園教育要領 第1章第2-3，保育所保育指針 第1章4-（2），幼保連携型認定こども園教育・保育要領 第1章第1-3（3））。

　「幼稚園教育要領解説」では，「幼児期の終わりまでに育ってほしい姿」に関連して，次の3つの要点を解説している。

①教師は，実際の保育の場面では，「幼児期の終わりまでに育ってほしい姿」を念頭におき，幼児教育の基本である「環境を通して行う教育」を踏まえ，「遊びを通しての総合的な指導」，「一人一人の発達の特性に応じた指導」の観点から指導および必要な援助を行うべきである。

②「幼児期の終わりまでに育ってほしい姿」が到達すべき目標ではないことや個別に取り出されて指導するものではないことに留意する必要がある。

③幼稚園と小学校における生活や教育方法の相違を踏まえたうえで，両者の円滑な接続を図るためにも「幼児期の終わりまでに育ってほしい姿」からイメージする子どもの姿を共有できるようにすることが大切である（この点については，「第10章 幼児教育・保育と小学校との接続の課題」で詳しく説明されている）。

　「幼児期の終わりまでに育ってほしい姿」の10項目において，領域「人間関係」と直接的に関連しているのは，（2）自立心，（3）協同性，（4）道徳性・規範意識の芽生え，（5）社会生活との関わりである。次節でさらに検討していく。

表3－1　幼児期の終わりまでに育ってほしい姿（幼稚園教育要領より）

（1）健康な心と体	幼稚園生活の中で，充実感をもって自分のやりたいことに向かって心と体を十分に働かせ，見通しをもって行動し，自ら健康で安全な生活をつくり出すようになる。
（2）自立心	身近な環境に主体的に関わり様々な活動を楽しむ中で，しなければならないことを自覚し，自分の力で行うために考えたり，工夫したりしながら，諦めずにやり遂げることで達成感を味わい，自信をもって行動するようになる。
（3）協同性	友達と関わる中で，互いの思いや考えなどを共有し，共通の目的の実現に向けて，考えたり，工夫したり，協力したりし，充実感をもってやり遂げるようになる。
（4）道徳性・規範意識の芽生え	友達と様々な体験を重ねる中で，してよいことや悪いことが分かり，自分の行動を振り返ったり，友達の気持ちに共感したりし，相手の立場に立って行動するようになる。また，きまりを守る必要性が分かり，自分の気持ちを調整し，友達と折り合いを付けながら，きまりをつくったり，守ったりするようになる。
（5）社会生活との関わり	家族を大切にしようとする気持ちをもつとともに，地域の身近な人と触れ合う中で，人との様々な関わり方に気付き，相手の気持ちを考えて関わり，自分が役に立つ喜びを感じ，地域に親しみをもつようになる。また，幼稚園内外の様々な環境に関わる中で，遊びや生活に必要な情報を取り入れ，情報に基づき判断したり，情報を伝え合ったり，活用したりするなど，情報を役立てながら活動するようになるとともに，公共の施設を大切に利用するなどして，社会とのつながりなどを意識するようになる。
（6）思考力の芽生え	身近な事象に積極的に関わる中で，物の性質や仕組みなどを感じ取ったり，気付いたりし，考えたり，予想したり，工夫したりするなど，多様な関わりを楽しむようになる。また，友達の様々な考えに触れる中で，自分と異なる考えがあることに気付き，自ら判断したり，考え直したりするなど，新しい考えを生み出す喜びを味わいながら，自分の考えをよりよいものにするようになる。
（7）自然との関わり・生命尊重	自然に触れて感動する体験を通して，自然の変化などを感じ取り，好奇心や探究心をもって考え言葉などで表現しながら，身近な事象への関心が高まるとともに，自然への愛情や畏敬の念をもつようになる。また，身近な動植物に心を動かされる中で，生命の不思議さや尊さに気付き，身近な動植物への接し方を考え，命あるものとしていたわり，大切にする気持ちをもって関わるようになる。
（8）数量や図形，標識や文字などへの関心・感覚	遊びや生活の中で，数量や図形，標識や文字などに親しむ体験を重ねたり，標識や文字の役割に気付いたりし，自らの必要感に基づきこれらを活用し，興味や関心，感覚をもつようになる。
（9）言葉による伝え合い	先生や友達と心を通わせる中で，絵本や物語などに親しみながら，豊かな言葉や表現を身に付け，経験したことや考えたことなどを言葉で伝えたり，相手の話を注意して聞いたりし，言葉による伝え合いを楽しむようになる。
（10）豊かな感性と表現	心を動かす出来事などに触れ感性を働かせる中で，様々な素材の特徴や表現の仕方などに気付き，感じたことや考えたことを自分で表現したり，友達同士で表現する過程を楽しんだりし，表現する喜びを味わい，意欲をもつようになる。

❷ 領域「人間関係」の「ねらい及び内容」の考え方

1）心身の成長に必要な情緒的人間関係への注目

幼稚園教育要領の「第2章　ねらい及び内容」の冒頭では，「ねらい」および「内容」，「内容の取扱い」について次のように述べている❶。

❶ 巻末資料・幼稚園教育要領 p.108 を参照。

> …ねらいは，<u>幼稚園教育において育みたい資質・能力を幼児の生活する姿から捉えたもの</u>であり，内容は，<u>ねらいを達成するために指導する事項</u>である。（中略）内容の取扱いは，<u>幼児の発達を踏まえた指導を行うに当たって留意すべき事項</u>である。（下線，筆者）

さらに，5つの領域の編成に従って示される「ねらい」は「幼稚園における生活の全体を通じ，幼児が様々な体験を積み重ねる中で相互に関連をもちながら次第に達成に向かうものであること」に，「内容」は「幼児が環境に関わって展開する具体的な活動を通して総合的に指導されるものであること」に留意すべきであると述べている。

この記述に関して，「幼稚園教育要領解説」は幼児期の特性に触れて，「幼児期は，生活の中で自発的・主体的に環境と関わりながら直接的・具体的な体験を通して，生きる力の基礎が培われる時期である。したがって，幼稚園教育においてはこのような幼児期の特性を考慮して，幼稚園教育において育みたい資質・能力が幼児の中に一体的に育まれていくようにする必要がある」と解説している。

特に2017（平成29）年の告示で注目すべきことは，前節で取りあげた「幼児期の終わりまでに育ってほしい姿」と「ねらい及び内容」との関連を明確にしている点である。幼稚園教育要領第2章の「各領域の示す事項」も，このような考え方に基づき，「ねらい」，「内容」，「内容の取扱い」の構成で示されているのである。

2）領域「人間関係」のねらい

前回2008（平成20）年に改訂された幼稚園教育要領の「第2章　ねらい及び内容」では，「この章に示すねらいは，幼稚園修了までに育つことが期待される生きる力の基礎となる心情，意欲，態度などであり」と示されてきた。しかし，前述した通り，2017（平成29）年の告示では，「ねらいは，<u>幼稚園教育において育みたい資質・能力を幼児の生活する姿から捉えたものであり</u>」となったのである。これは，各領域の「ねらい」が，「心情」「意欲」「態度」の3つの観点で構成されるという従来の考え方の変更を意味するものではない。実際，幼児期において育むべきとされている資質・能力は，「知識及び技能」と「思考力，判断力，表現力等」の基礎の部分であり，「学びに向かう力，人間性等」は，まさに非認知的能力❷である「心情」「意欲」「態度」の育ちを前提にしている（p.17の引用の（3）を参照）。

❷ IQ のように数値化できない内面の能力のこと。感情をコントロールしたり，他者とコミュニケーションする力などを指す。

　また，育みたい「資質・能力」の3つを一体的に育むのであれば，旧幼稚園教育要領で示されてきたねらいの「心情」「意欲」「態度」の3つの観点の構成は，そのまま踏襲されているといわざるを得ない。今回の改訂では，教育実践における幼児の具体的な姿から「ねらい及び内容」を改めて捉え，教育の充実化を図ることに意義を見出しているといえる。

　「心情」は心で感じること，「意欲」は何かを試みようとする気持ちであり，両方とも「内面的動き」を指す用語である。「態度」は「心情」「意欲」が育ち，「内面的の動き」が「表出する」ことを指している。

　無藤隆は「心情・意欲・態度」について，「『心情・意欲』はまさに『心が動かされ』『やりたい』『好きになる』『興味を持つ』という部分である。『態度』はそれをもとにして，『粘り強く取り組む』とか『積極的に工夫する』あり方を指している。意欲だけではなく，たとえば『好奇心』『やりどける』『挑戦していく力』『人と協力する』等，さまざまなことが『態度』と呼ばれており，それによっていかによりよい生活を営むかが大切になる」と説明している（無藤，2018，p.14）。

　幼稚園教育要領における領域「人間関係」のねらいは下記の3つであり，心情，意欲，態度の育ちの観点で示されている❶。

❶ 巻末資料・幼稚園教育要領 p.110 を参照。

---

(1) 幼稚園生活を楽しみ，自分の力で行動することの充実感を味わう。
　　【心情の育ち】

(2) 身近な人と親しみ，関わりを深め，工夫したり，協力したりして一緒に活動する楽しさを味わい愛情や信頼感をもつ。（下線部は新設）
　　【意欲の育ち】

(3) 社会生活における望ましい習慣や態度を身に付ける。
　　【態度の育ち】　　　　　　　　　　　　　　　　※【】筆者追記

　（1）が幼児の「心情の育ち」，（2）が幼児の「意欲の育ち」に関連する姿を捉えたものである。また，幼児の内面の発達にかかわる姿でもある。特に（2）は，「幼児期の終わりまでに育ってほしい姿」の「協同性」を受けて，下線部が新たに加えられている。（3）は，道徳性の芽生えを基盤に決まりの大切さ（社会的規範やルール）に気づき，守ろうとするなどの「態度の育ち」を捉えたものである。以下，領域「人間関係」のねらいに関する「幼稚園教育要領解説」の要点を3つに整理しておく。

①教師との信頼関係を構築することによって得られる安心感から人に対する信頼感が持てるようになり，それを支えにさまざまなことを自分の力で行う充実感や満足感を味わうようになる。

②他者（他の子ども・教師）と触れ合うことを通して自分の感情や意思を表現しながら他者と共に活動する楽しさを味わうようになる。その触れ合いは，自己主張のぶつかり合いによる葛藤を経験しながらも，さまざまな工夫，協力，「交

渉」を通して相互理解が深まり，一緒に活動する楽しさを味わうようになるにつれ，共感や思いやりが生まれるようになる。

③よいことや悪いことに気づき，考えながら行動したり，決まりの大切さに気づき，守ろうとするなど，生活のために必要な習慣や態度を身に付けることが，人とかかわる力を育てることになる。

③ 領域「人間関係」の内容

1）「内容」の記述の特徴

「ねらい」を達成するために指導する事項を具体的に示したのが「内容」である。しかし，幼稚園教育要領，保育所保育指針，幼保連携型認定こども園教育・保育要領は，それぞれを所轄する大臣の告示であり❶，法規的性格を帯びている文書である。したがって，「内容」の記述にも「意図的限界」が介在しているといえる。

つまり，意図的に細部にわたる具体化を避け，必要最低限の基本原則にとどめる形で（たとえば，幼稚園教育要領の前文では，「大綱的に定めるもの」と表現されている）提示しているのである。したがって，領域「人間関係」の内容で示された13項目は，幼児が環境にかかわって展開する具体的な活動を通して総合的に指導されなければならない事項を簡潔にまとめたものである。「幼稚園教育要領解説」では，「幼稚園教育の全体を見通した『ねらい』であり，『内容』であるので，これによって幼稚園教育において指導すべき具体的な方向を捉えながら，幼児の実情や地域の実態などに応じて，幼稚園は具体的なねらいや内容を組織することが必要である」と述べているのである（第2章第1節ねらい及び内容の考え方と領域の編成）。また，各園における主体的・具体的な創意工夫の際は，幼稚園教育要領の第1章第1に示す「幼稚園教育の基本❷」を逸脱しないように配慮する必要がある。

❶ 幼稚園教育要領（文部科学省告示），保育所保育指針（厚生労働省告示），幼保連携型認定こども園教育・保育要領（内閣府・文部科学省・厚生労働省告示）

❷ 巻末資料・幼稚園教育要領 p.103 を参照。

2）「内容」「幼児期の終わりまでに育ってほしい姿」「ねらい」の関連性

本書では，領域「人間関係」の「内容」の構造的理解を促すために，「ねらい」，「幼児期の終わりまでに育ってほしい姿」とどのように関連しているかを考慮し，操作的に4つの区分に分けることにする（図3－1）。以下，その区分に沿って，「幼稚園教育要領解説」の要点を概観することにする。

なお，実際の指導において内容の13項目は，相互の関連を考慮しながら一体的な捉え方をすべきであることはいうまでもない。この4つの区分は，相互が重複する要素を内在しているため，厳密な（原理的）区分として成立するものではないが，あえて試みていることを断わっておきたい。

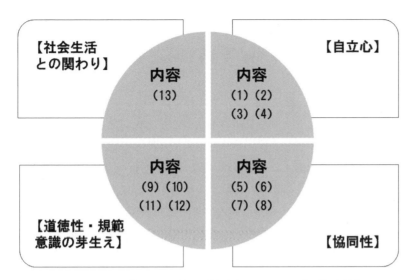

図3－1 領域「人間関係」の「内容」の4つの区分（概念図）

【自立心】

関連項目	「幼児期の終わりまでに育ってほしい姿（2）」「ねらい（1）」
「内容」	(1) 先生や友達と共に過ごすことの喜びを味わう。 (2) 自分で考え，自分で行動する。 (3) 自分でできることは自分でする。 (4) いろいろな遊びを楽しみながら物事をやり遂げようとする気持ちをもつ。

　「内容」（1）～（4）は，「幼児期の終わりまでに育ってほしい姿（2）自立心」と関連した項目として項目間の相互関連を意識して捉える必要がある。

　「内容」（1）の教育実践において，もっとも重要なのは，教師との信頼関係の構築である。子どもは，教師との信頼関係を基盤に安心感を獲得し，自分の居場所を確保でき，次第に自分のやりたいことに取り組むことができる。結果的に，教師や友だちと共に過ごすことの楽しさや充実感を味わうことができるようになるのである。

　（2）は，子どもの自発性の育ちを問題にしている。子どもが自ら興味・関心をもって環境にかかわり活動を生み出すこと，またその活動を存分に楽しむことによって充実感・満足感を味わうことが大切である。その過程で，次第に目当てをもったり，自分の思いが実現するように工夫したりする子どもの姿をイメージすることが大切である。教師は，子どもの行動や思いをありのまま認め，期待をもって見守り，幼児の試行錯誤などを適切に援助する必要がある。

　（3）は，自立心の育ちについて触れている項目である。子どもが何事でも，できるだけ自分の力でやろうとする「意欲」を育てるのが重要である。その際，

単なる「できる」「できない」という二項対立的な捉え方より，自分でやってみたいという「意欲」，やったら自分なりにできたという「充実感・満足感」を味わう体験が自立心の育ちにおいて大切である。その際，子どもの発達に即した適切な受容と励ましが必要となる。

（4）は，遊びを通して育まれる自立心・責任感について触れている。いろいろな遊びを楽しみながら物事をやり遂げようとする気持ちを持つことは大切であり，結果的に，自立心を育むことになる。子どもは，興味や目当てを持って始めた遊びでも継続することが困難な場面に遭遇する。その際，適切な援助を促せば，遊びを諦めずにやり遂げることができる。このような体験が，結果的に自立心や責任感を育む。また，友だちと共にやり遂げる喜びを味わうことも重要である。このような体験が，内容（8）における協同性の育ちにつながっていく。

【協同性】

関連項目	「幼児期の終わりまでに育ってほしい姿（3）」「ねらい（2）」
「内容」	（5）友達と積極的に関わりながら喜びや悲しみを共感し合う。 （6）自分の思ったことを相手に伝え，相手の思っていることに気付く。 （7）友達のよさに気付き，一緒に活動する楽しさを味わう。 （8）友達と楽しく活動する中で，共通の目的を見いだし，工夫したり，協力したりなどする。

「内容」（5）〜（8）は，「幼児期の終わりまでに育ってほしい姿（3）協同性」との関連項目として，一体的に捉える必要がある。

（5）は，友だちとのかかわりを通じた多様な感情の共感について述べている。他者とのかかわりの育ちの基礎となる項目といえる。他者とのかかわりを通して生じる多様な感情（嬉しい，悲しい，悔しい，楽しいなど）は，必ずしも他者と共有される（共感できる）とは限らない。しかし，幼稚園生活（のさまざまな活動）において，他者との感情のやり取りを通して多様な感情を共感する経験は，他者と支え合って生活するために重要な意味を持つ。子どもにとって，他者の感情に気づくことは，他者の存在に気づくことでもある。

また，ごっこ遊びなどを通じて，さまざまな役割を演じる体験も重要である。

（6）は，他者とのかかわりにおけるコミュニケーションのもっとも基本的事柄に触れている項目である。遊びを通して，自分の思ったことを相手に伝えるのみならず，相手の思いや主張に気づくことによって，他者との関係を深めることが可能になる。自分のイメージや考えをうまく表現できない場面では，教師の適切な援助が必要である。特に，子どもの「自己発揮」と「自己抑制」の調和がとれた発達のためには，自己主張のぶつかり合う場面は，重要な意味をもっていることを考慮する必要がある。

（7）は，互いの個性の認め合いについて触れている。子どもは，集団生活を

通して，自分と異なる多様な個性に接し，自分の個性を相対的に形成していく。他者の心情や考え方などの特性に気づき，遊びの中で互いのよさなどが生かされ，一緒に活動することが楽しくなる。教師は愛情を持って温かい目で見守り，子ども一人ひとりの可能性を見出し，その子どもらしさを損なわず，ありのままを受け入れることが重要である。

　（8）は，「幼児期の終わりまでに育ってほしい姿（3）協同性」に直接的に言及している項目である。協同性は，単に一緒に活動しているということにとどまらず，目的を共有することによって育つものである。目的の共有および実現には，自己主張のぶつかり合い（葛藤）を克服し，折り合いをつけるなど（妥協）の繰りかえしが求められる。子どもは，さまざまな遊びを通してこのような体験を積み重ねることによって，共通目的の実現に向け工夫・協力する気持ちを育てることができるようになる。教師は，さまざまな集団遊びを創意工夫し，子ども同士が力を合わせて問題を解決できる能力の育ちを援助する必要がある。

【道徳性・規範意識の芽生え】

関連項目	「幼児期の終わりまでに育ってほしい姿（4）」「ねらい（3）」
「内容」	（9）よいことや悪いことがあることに気付き，考えながら行動する。 （10）友達との関わりを深め，思いやりをもつ。 （11）友達と楽しく生活する中できまりの大切さに気付き，守ろうとする。 （12）共同の遊具や用具を大切にし，皆で使う。

　「内容」（9）〜（12）は，「幼児期の終わりまでに育ってほしい姿（4）道徳性・規範意識の芽生え」と関連する項目として一体的に捉える必要があり，子どもの社会化における核心的な部分である。

　（9）は，道徳性の芽生えについて触れている。子どもは，他者とのかかわりの中で，自他の行動に対するさまざまな反応を得て，よい行動や悪い行動があることに気づき，自分なりの善悪の基準を作っていく。その善悪の基準は，信頼し，尊敬している大人（教師および保護者）がどう反応するかを確かめ，さらに強化される。したがって，教師は，善悪を明確に示す必要があるが，他者とのやり取りの中で，子どもが自他の行動の意味を理解できるよう援助することも重要である。

　（10）は，他者への思いやりについて言及している項目である。「思いやり」は，他者と支え合って生きるために，日本社会が重視し，共有している価値観（徳目）といえる。他者への思いやりを育むためには，まずその前提条件として，他者の存在（自己の気持ち・欲求とは異なる他者）を認識できる必要がある。教師は，子どもが他者とのかかわりを深める中で，自己中心的な感情理解ではなく，他者の感情や視点に気づくような働きかけをする必要がある。

(11) は，集団生活における決まりやルールを遵守することの大切さについて示している。子どもは，集団生活や友だちとの遊びを通して，さまざまな決まりがあることに気づき，それに従って自分を抑制する自己統制力を身につけていくようになる。その過程において教師は，子ども自身が，「他律的な約束事」としてだけではなく，決まりの必要性に気づき「自律的な行動」ができるよう援助する必要がある。その際，さまざまな遊びを通して，決まり（ルール）の必要性を自覚できる経験が大事である。

　(12) は，単なる遊具や用具を大切にする気持ちだけではなく，(11) との直接の関連で理解する必要がある。各園の教育方針や環境構成の状況によって，それぞれ遊具や用具の使用に関する独自の決まりやルールが存在する。子どもがその決まりを理解し，守るという意識が，「皆で使う」ためには必要不可欠である。また，遊具や用具など物を大切にするという気持ちの根底には，それが大切だと思える経験が重要である。つまり，遊具や用具を使って十分に遊び，楽しかったという経験を積み重ねることによって，その物へのこだわりや愛情を育てることができる。また，遊具や用具の優先権の調整は，機械的な順番よりは，相手の使いたい気持ちを理解させ，自他の欲求の折り合いをつける教育機会として捉える視点も必要である。

【社会生活との関わり】

関連項目	「幼児期の終わりまでに育ってほしい姿（5）」「ねらい（2）」
「内容」	(13) 高齢者をはじめ地域の人々などの自分の生活に関係の深いいろいろな人に親しみをもつ。

　「内容」(13) は，「幼児期の終わりまでに育ってほしい姿（5）社会生活との関わり」との関連記述である。子どもの生活環境は，家庭および幼稚園だけではなく，地域社会にも広がっている。近年の高齢化・少子化によって家庭および地域における人間関係の希薄化を考慮し，地域の人たちと積極的にかかわる体験を持つことは，人とかかわる力を育てる上で大切である。また，今日の地域社会の多様化にも目を向ける必要がある。たとえば，グローバル化の進行とともに，外国文化との共生も新たな課題として浮上している❶。

❶ 第12章を参照。

3）領域「人間関係」の「内容の取扱い」

　「内容の取扱い」は，幼児の発達を踏まえた指導を行うに当たって留意すべき事項である。領域「人間関係」においては，人とかかわる力が育つ過程に準じて（発達の流れに沿って），指導上の留意点を明確に示しているのである。幼稚園生活を通して成長を成し遂げていく一人ひとりの子どもの姿を捉えながら，教師の指導・援助の基本的考え方として読み取るべきである。

　また，2017（平成29）年の告示において，従来の「内容の取扱い」(2) の「幼

児の主体的な活動は，他の幼児との関わりの中で深まり，豊かになるものであり，幼児はその中で互いに必要な存在であることを認識するようになることを踏まえ」の部分が削除されている。この「幼児の主体的活動の説明」の部分は，第1章「第3　教育課程の役割と編成等」の「4　教育課程の編成上の留意事項」の（1）において再編されていることも指摘しておく。以下，原文を抜粋しておく❶。下線部が新設された部分である。

❶ 巻末資料・幼稚園教育要領 p.110を参照。

第2章「人間関係」3 内容の取扱い

（1）教師との信頼関係に支えられて自分自身の生活を確立していくことが人と関わる基盤となることを考慮し，幼児が自ら周囲に働き掛けることにより多様な感情を体験し，試行錯誤しながら諦めずにやり遂げることの達成感や，前向きな見通しをもって自分の力で行うことの充実感を味わうことができるよう，幼児の行動を見守りながら適切な援助を行うようにすること。

（2）一人一人を生かした集団を形成しながら人と関わる力を育てていくようにすること。その際，集団の生活の中で，幼児が自己を発揮し，教師や他の幼児に認められる体験をし，自分のよさや特徴に気付き，自信をもって行動できるようにすること。

（3）幼児が互いに関わりを深め，協同して遊ぶようになるため，自ら行動する力を育てるようにするとともに，他の幼児と試行錯誤しながら活動を展開する楽しさや共通の目的が実現する喜びを味わうことができるようにすること。

（4）道徳性の芽生えを培うに当たっては，基本的な生活習慣の形成を図るとともに，幼児が他の幼児との関わりの中で他人の存在に気付き，相手を尊重する気持ちをもって行動できるようにし，また，自然や身近な動植物に親しむことなどを通して豊かな心情が育つようにすること。特に，人に対する信頼感や思いやりの気持ちは，葛藤やつまずきをも体験し，それらを乗り越えることにより次第に芽生えてくることに配慮すること。

（5）集団の生活を通して，幼児が人との関わりを深め，規範意識の芽生えが培われることを考慮し，幼児が教師との信頼関係に支えられて自己を発揮する中で，互いに思いを主張し，折り合いを付ける体験をし，きまりの必要性などに気付き，自分の気持ちを調整する力が育つようにすること。

（6）高齢者をはじめ地域の人々などの自分の生活に関係の深いいろいろな人と触れ合い，自分の感情や意志を表現しながら共に楽しみ，共感し合う体験を通して，これらの人々などに親しみをもち，人と関わることの楽しさや人の役に立つ喜びを味わうことができるようにすること。また，生活を通して親や祖父母などの家族の愛情に気付き，家族を大切にしようとする気持ちが育つようにすること。

【参考文献】

■厚生労働省「保育所保育指針解説」2018
■ミネルヴァ書房編集部編，汐見稔幸／無藤隆監修『平成 30 年施行保育所保育指針，幼稚園教育要領，幼保連携型認定こども園教育・保育要領－解説とポイント』ミネルヴァ書房，2018
■無藤隆監修，岩立京子編『新訂・事例で学ぶ保育内容・領域人間関係』萌文書林，2018
■文部科学省「幼稚園教育要領解説」2018

第3章【学びのふりかえり】
次の3つの問いに答えてみよう。

---

① 幼児期に「育みたい資質・能力」について，カッコの空白を埋めてみよう

（1）豊かな体験を通じて，感じたり，気付いたり，分かったり，できるようになったりする
　　「（　　　　　　　　　　　　　）の基礎」

（2）気付いたことや，できるようになったことなどを使い，考えたり，試したり，工夫したり，表現したりする
　　「（　　　　　　　　　），（　　　　　　　　　　　），（　　　　　　　　　　）の基礎」

（3）心情，意欲，態度が育つ中で，よりよい生活を営もうとする「（　　　　　　　）力，（　　　　　　）等」

---

② 領域「人間関係」の3つのねらいは，心情，意欲，態度のいずれの育ちの観点でとらえるべきか記してみよう。

（1）幼稚園生活を楽しみ，自分の力で行動することの充実感を味わう。【（　　　　　　　　　　）の育ち】

（2）身近な人と親しみ，関わりを深め，工夫したり，協力したりして一緒に活動する楽しさを味わい愛情や
　　信頼感をもつ。【（　　　　　　　　　）の育ち】

（3）社会生活における望ましい習慣や態度を身に付ける。【（　　　　　　　　　）の育ち】

---

③ 幼児期の終わりまでに育ってほしい姿の（1）～（4）と関連が深いと考えられる領域「人間関係」の「内容」を下から選んで番号を記してみよう。

（1）自立心	（2）協同性
（3）道徳性・規範意識の芽生え	（4）社会生活との関わり

領域「人間関係」の「内容」
（1）先生や友達と共に過ごすことの喜びを味わう。
（2）自分で考え，自分で行動する。
（3）自分でできることは自分でする。
（4）いろいろな遊びを楽しみながら物事をやり遂げようとする気持ちをもつ。
（5）友達と積極的に関わりながら喜びや悲しみを共感しあう。
（6）自分の思ったことを相手に伝え，相手の思っていることに気付く。
（7）友達のよさに気付き，一緒に活動する楽しさを味わう。
（8）友達と楽しく活動する中で，共通の目的を見いだし，工夫したり，協力したりなどする。
（9）よいことや悪いことがあることに気付き，考えながら行動する。
（10）友達と関わりを深め，思いやりをもつ。
（11）友達と楽しく生活する中できまりの大切さに気付き，守ろうとする。
（12）共同の遊具や用具を大切にし，みんなで使う。
（13）高齢者をはじめ地域の人々などの自分の生活に関係の深いいろいろな人に親しみをもつ。

第4章 保育者のかかわり方と集団づくり

① 年齢による発達段階と人間関係の特徴

1）乳児保育におけるかかわり

　乳児の養育者との情緒的なつながりが子どもの心身の発達に重要な影響を与えているとボウルビィ❶は主張し，「**愛着**」と名づけた。愛着はまず乳児と養育者の間で形成され，その後の人間関係の持ち方の基礎となる。

　乳児保育においては，特定の保育者と乳児の間に愛着が形成され，乳児が安心感を持って生活できることがまず重要である。具体的には乳児の発するさまざまなサイン（泣き，笑い，身体の動きや声の調子など）を保育者が敏感に感じ取り，笑顔でかかわり，「おなかすいたね」や「オムツきれいになってすっきりしたね」など穏(おだ)やかな声の調子で語りかけ，乳児の行動からその心情を推察した上で言葉かけを繰り返していく「応答的なかかわり」を行うことが重要となる。

　特に乳児期は抱っこなどのスキンシップを通して，乳児の心の安定を図ることが必要である。たとえば人見知りを強く示し，知らない人を見て激しく泣く乳児に対しては，「こわかったねー，よしよし」と抱っこしながらやさしく語りかけていくなどの対応を繰り返すことが必要となる。保育者の温かく応答的なかかわりの繰り返しが，乳児に"**基本的信頼感**"（自分の周囲の環境に対する安心感と有能感）の形成につながっていき，その後の育ちを支えるのである。

　9か月ころになると乳児は見たものを指さし，「あー」「うー」などの発声(なんご)（喃語）をしつつ保育者の方を見てくることが増える。これは「人―もの―私」という三項関係の始まりであり，乳児の言葉と心理面の発達に大きな影響を与えている。保育者はたとえば「白い雲さんだねー。どこに行くのかな？　楽しそうだね」「（風で揺れる木の枝を見て）ばいばいって言ってるね。うれしいね。」など，乳児と「ともに眺めながら」感情をこめた言葉かけを繰り返していく。こうした経験を重ねる中で，乳児は「身近な人と気持ちが通じ合う」経験の基礎となる力を獲得していく。

❶ ボウルビィ➡第2章 p.9参照。

2）1歳以上3歳未満児におけるかかわり

　1歳を過ぎるとほとんどの幼児は言葉を話すようになり，語彙の数も1歳後半から2歳にかけて爆発的に増加する。運動面でも一人で歩けるようになり，次第に走る，ジャンプする（粗大運動），はさみで切る，折り紙を折る（微細運動）など複雑な動作が可能になっていく。保育園においては，次第に園生活に慣れ，他児と生活をともにする経験を重ねる中で，他児とかかわりたい欲求や，他児と同じことをしたいという欲求が生じる。また，自分自身の欲求や感情に気づき，自己主張が強くなる時期でもある。「第一次反抗期」とも「いやいや期」ともいわれるこの時期，幼児は「何でも自分でしたいのに自分ではうまくできない」経験を多く持ち，感情を爆発させ，泣いたり怒ったりする経験が増える。保育者は，自分でやりたいという幼児の気持ちをやさしく受け止めつつ，必要な時にさりげなく援助することが必要となる。たとえば自分でくつを履きたいができずに泣いてしまった幼児に対して，「自分でやりたかったね」と保育者がやさしく声をかけて一緒に手を添えてくつを履き替えさせ，「自分でできたね，えらいね」とほめることが必要である。

　さらに「他児と同じことをしたい」という欲求が高まることで，トラブルも増える。おもちゃの取り合いや，先生の膝の奪い合いなどはよく見られる光景である。3歳未満児は自分の気持ちをまだ十分に言葉で表現することができず，こうした欲求不満が募る場面で相手にかみついたり，たたいてしまったりすることがある。心理学者の柏木惠子によると，自己の行動を制御する機能には「自己主張」と「自己抑制（我慢する：著者注）」能力が必要とされるが，この時期の子どもは「自己主張」のみが発達している段階であり，「自己抑制」能力はまだ育っていない（柏木『幼児期における「自己」の発達』1988）。保育者は子どもの行動のみに目を向け，やめさせようと制止したり叱ったりする前に，行動の背景にある子どもの気持ちを読み取り，言葉にして伝え返していくことが必要とされる。たとえば他児にかみついてしまった幼児に「おもちゃがとられて悲しかったんだね」と幼児の気持ちを代弁する言葉を投げかけた上で「つぎに取られたら『返して』って言おうね」と伝えるなど，「好ましい行動を示す」ことを繰り返し行っていく必要がある。

3）3歳以上児におけるかかわり

　幼稚園教育要領「幼児期の終わりまでに育ってほしい姿」(3)「協同性」の項目を見てみよう❶。

❶ 巻末資料・幼稚園教育要領 p.104 を参照。

> **第1章　第2　3 幼児期の終わりまでに育ってほしい姿　(3)「協同性」**
> 　友達と関わる中で，互いの思いや考えなどを共有し，共通の目的の実現に向けて，考えたり，工夫したり，協力したりし，充実感をもってやり遂げるようになる。

　保育所保育指針の領域「人間関係」のねらい及び内容の中でも同様の記述がみられる。上に記載されている「協同性」とは，自分の考えや気持ちだけを一方的に主張するのではなく，他者と考えや気持ちを共有する経験を積む中で生まれる，「お友だちと一緒に何かをすると面白い」「お友だちと一緒にするとうまくいく」といった「他者への信頼感」である。では集団生活の中で協同性がどのように育まれていくのかを見ていこう。

　3歳を過ぎると，衣服の着脱や排せつなどを自分一人でできるようになる。保育者が仲立ちをしないと遊びを続けることが難しい3歳未満児とは異なり，子どもたち同士でごっこ遊びを展開したり，簡単なルール遊びを楽しめたりするようになってくる。しかしまだこの時期の幼児は，他児の立場に立って考えることは難しい。そのため「三輪車を交代で乗ろうと約束したのに代わってくれない」など自分の思うとおりにならず，他児とぶつかる経験が増える。こうした場合，保育者はすぐに仲裁に入るのではなく，まずは双方の言い分を十分に聞き，「○○くんは貸してくれなくて，悲しい気持ちになったんだよ」「◇◇くんは乗ってたら楽しくて，ずっと乗りたくなっちゃったんだね」「何回ずつ乗ったら2人ともニコニコになれるかな」など，子どもたちが「ぶつかり合いを通して他者の気持ちに気づけるような問いかけや言葉かけを行っていくことが必要」となる。

　4歳児，5歳児と成長していくに従い，幼児は子どもたち同士で同じ遊びを行うことで共通の感情を経験する。たとえば「園庭にビー玉を隠し，宝探しをする海賊ごっこをする」場面を想定してみよう。子どもたちは自分が海賊になった気分になり，船に見立てた三輪車に乗って嵐の海を船が転覆しないように協力したり，時に攻撃してくる敵と戦ったりして，「ドキドキ」「わくわく」した気持ちを味わったりすることだろう。他者と気持ちが通じ合ったという経験を遊びの中で重ねることで，他者の気持ちを想像することができるようになり，共感性が育まれるのである。

　しかし共同で遊ぶ中で，子どもたちは遊びのイメージのずれを感じたりすることも生じてくる。上の例で「海賊ごっこをしている子どもたちの一部は財宝を探しにいきたいが，他の子たちは敵の海賊と戦いごっこをしたいと主張する」場面を想定してみよう。この場合，2グループに分かれて遊ぶ方法もある。しかし，お互いがどういう遊びをしたいかを言葉で伝えあい，結果的に「財宝を探しに行く途中で敵の海賊と鉢合わせになり，戦いが始まる」というストーリーが子どもたちによって考え出されれば，どの子どもたちも満足して遊べるかもしれない。このときの保育者の役割は，子どもたちの遊びの展開を見守りつつ，必要な場面でヒントや助言をさりげなく提案することで，どのように協力して遊びを展開していくかを見守ることである。そのためには子どもたち一人ひとりを保育者がよく観察し，常にどのような気持ちかを「理解しようとし続ける」努力が求められる。

　3歳未満児において保育者との愛着の形成が重要であることを述べたが，3歳以上児においても保育者との愛着の形成は必要である。保育者に見守られている

という安心感が土台にあった上で，子どもたち同士の温かな人間関係が発展していくということを保育者は常に念頭に置いておく必要がある。

② 保育者が行う集団づくり

1） 3歳未満児

乳児保育においては，先述のように乳児と保育者との愛着の形成が重要となる。同じクラスの乳児は「ともに生活する子ども」であり，日々の保育を通しておもちゃを介したやりとりや，絵本の読み聞かせを一緒に行うなど，かかわり合いが生じてくる。保育者は温かい雰囲気を作るように心がけ，乳児が安心して探索行動がとれるような環境を作っていく必要がある。誤嚥，転倒などの危険も大きいため，安全に配慮することは必要であるが，おもちゃが何もない安全な空間を用意するだけでは乳児の発達は促されない。この時期の乳児はさわる，なめるといった身体の感覚を通して外界を知っていくので，乳児がなめても安全なおもちゃを手作りするなどの工夫が必要である。

1，2歳児になると，他児への関心が高まるとともに，一緒に何かをすることが少しずつできるようになる。保育者は一人ひとりの子どもの表情，発声，身ぶりなどをよく観察し，「○○ちゃんはニコニコだねー。うれしいね。」「◇◇ちゃんは○○ちゃんと遊びたいみたいだね。こっちで一緒に遊ぼうね」など，子どもたち同士をつないでいく言葉かけやかかわりを意識する。また，この時期の幼児は保育者を独り占めしたいという気持ちが強く，先生の取り合いでけんかが起こってしまうこともある。その一方でひっこみ思案で，なかなか先生の所に寄ってこない幼児もいる。保育者は自由遊びの場面で自分が特定の子どもたちとの関係にかたよっていないかを振り返るとともに，それぞれの子どもたちの行動を観察しながら，かたよりなくそれぞれの子どもとかかわる機会を持つべきである。何よりも保育者が日々笑顔で楽しく保育をしていることが，クラス集団の安定につながっていく。

2） 3歳以上児

保育園や認定子ども園に0歳から入所している幼児は，3歳児になると園の生活にも慣れ，集団生活の決まりに気づいて生活ができるようになる。いっぽう幼稚園では多くの幼児が3歳児から入園することとなる。初めて家庭から離れて集団生活を送ることに抵抗のない幼児もいれば，登園時に養育者から離れることに強い抵抗を示し泣き叫ぶ幼児もいる。4月の入園当初は，こうした登園渋りを示す幼児がよく見られる。登園渋りを示す幼児に保育者はどのようにかかわるべきだろうか。まずはその幼児が「どんな点を不安に感じ，園に行きたがらないのか」を，子どもの目線に立って保育者が考えてみることである。かつて著者の長男は，幼稚園入園後，激しい登園渋りの状態になり，毎日泣き叫んで登園を拒否する様

子が見られた。泣き叫びながら先生に抱きかかえられて園に入った長男は，落ち着くまで先生と園庭で遊んだ後，教室に短時間入ることを繰り返していった。徐々に「幼稚園が楽しい」というようになり，年中の秋には登園渋り状態は解消した。園生活に慣れるのに時間がかかる子もいる。先述の例では，幼稚園の先生方が子どもを叱らずに粘り強くかかわってくれたことが安心感をもたらした。子どもの成長には個人差がある。保育者は子どものペースを尊重しながら，集団で過ごすことの喜びを子ども自身が感じられるよう見守っていくことが重要となる。

　4歳児，5歳児と年齢が上がるにしたがって，子どもたちは集団の中で協力して遊ぶことの喜びや達成感を感じるようになる。ルールやきまりを守ることが集団生活を維持していく上で必要であることにも気づいていく。この時期，たとえば保育者が「廊下は走りません」や「ブランコは一人でずっと乗りません」など，幼児の行動に「ダメ」ばかりを言ってきまりを守らせたらどうなるだろうか。保育者が「ダメ」と禁止ばかりしていた場合，トラブルは少なくなるかもしれない。しかし，これでは子どもたちが自分できまりを守ることの大切さに気づくことはない。ブランコの例で考えてみると，「○○君，待っているお友だちのお顔見てごらん。どんな気持ちかな」，「○○君が待っているときに，『どうぞ』って代わってもらったらどんな気持ちになるかな？」などと子どもに問いかけ，他者の気持ちに子ども自らが気づけるような声かけを行うことが重要となる。

③ 個を見る視点と集団を見る視点

　保育者のクラス集団への働きかけに関して考えるとき，クラスの全ての子どもたちをまず個別に理解する視点が必要となる。著者はある保育士から，「目立つ子ども（問題行動が多い子ども）はかかわりが多くなって支援ができるが，おとなしい子は何を考えているかわからなかったり，支援が後回しになったりしてしまう」という悩みを聞いたことがある。おとなしい子でも，当然いろいろなことを感じたり考えたりしている。保育者はそうした子どもにも平等にかかわりながら，その子の感じている世界を把握するよう理解する必要がある。そして，集団内の子どもたち同士の力関係にも保育者は目を向けておく。

　たとえば「いつも強い調子で他児から命令されている子はいないか」や，「クラスの子や年少児からからかわれている子はいないか」といった点をよく観察しておく。こうした点を放置しておくと，いじめにつながりかねない。特定の弱い立場にいる子が発見された場合，まずはその子どもの気持ちを聞く。その上で，保育者は他の子たちに「みんなが楽しく園で生活してほしいこと」，「決まった子が嫌な思いをしていること」，「みんなで仲良くするにはどうすればいいか」などを，子どもたちに伝わる言葉で繰り返し伝えていくことが重要である。

　さらに日々の保育を通して，その子どもの「いいところ」が保育者に見えていれば，集団活動の場で他児に積極的にその子どもの良いところを伝えていくこと

も効果的であろう。子どもたちは日々の保育の中で，保育者の様子を実によく見ている。先生がいつもがみがみお説教ばかりするクラスの子どもたちは，みんなより片づけがゆっくりだったり動作がワンテンポ遅い子どもに「早くしてよ！」と厳しい言葉をかけたりするかもしれない。

　他者の行動を見て覚えることを観察学習という。先述の柏木は，「子どもは観察学習の名手」と表現し，お行儀に厳しい母親がとっさに洗濯物を足の指でつかんだ場面を見た子どもがその行動を真似するようになった例を紹介している（柏木，2012）。保育者のふるまいも子どもたちの観察学習の機会となる。あたたかい言葉かけ，笑顔で挨拶すること，かんしゃくを起こした子にやさしく声をかけ気持ちを聴くことなど，あらゆる保育者の行動が子どもたちのモデルになり，子どもたち同士の温かい人間関係の形成につながっていくことを保育者は忘れてはならない。

【引用文献】

■柏木惠子『子どもも育つ　おとなも育つ　発達の心理学』P.78，79，萌文書林，2012
■文部科学省「幼稚園教育要領解説」2017

【参考文献】

■J．ボウルビィ（黒田実郎ら訳）『母子関係の理論Ⅰ　愛着行動』岩崎学術出版社，1991
■柏木惠子『幼児期における「自己」の発達―行動の自己制御機能を中心に』東京大学出版会，1988
■汐見稔彦・無藤隆監修『〈平成30年度施行〉保育所保育指針　幼稚園教育要領・幼保連携型認定子ども園・教育保育要領　解説とポイント』ミネルヴァ書房，2018
■塚本美知子編著『対話的・深い学びの保育内容　人間関係』萌文書林，2018

第4章【学びのふりかえり】

乳幼児の各発達段階における特徴と，保育者のかかわりにおいて重要なポイントを考えて記してみよう。

乳児（0歳〜1歳）

（特徴）

（保育上の重要なポイント）

1歳以上3歳未満児

（特徴）

（保育上の重要なポイント）

3歳以上児

（特徴）

（保育上の重要なポイント）

第5章 対話から生まれる「協同的な学び」
―遊びを通した「個」と「集団」の成長―

学びのポイント

● 幼稚園教育要領「幼児教育の終わりまでに育ってほしい姿」で示される「協同性」について理解する。

● 幼児の発達段階における「集団遊び」の種類を学び，保育者の適切なかかわりを知る。

● 行事のおける協同的な学びについて実践例を通して理解を深める。

① 「個」と「集団」の関係について

1）「個」の成長と「集団」の成長

　幼児は3歳児，4歳児，5歳児と成長していくにつれ，言葉の理解や表現力，運動能力，生活習慣，社会性などが発達していく。幼稚園において3歳児クラスから入園した幼児は園の環境に慣れることが最初の目標となる。4歳児クラスになるとお友だちと一緒の経験を楽しみ，自分からいろいろな活動に取り組むといった主体性を発揮できるようになる。5歳児クラスになると，自分で考えて行動できるようになり，幼児同士で協力しながら遊びを考えたり展開させたりすることができるようになる。時には自分の思いと他者の思いがぶつかる経験をし，悔しい気持ちや悲しい気持ちを感じるが，自分の気持ちをコントロールし，相手の意見や立場を尊重して自分の考えを主張できるようになっていく。

　幼稚園教育要領において，「協同性」は以下のように述べられている[1]。

● 巻末資料・幼稚園教育要領 p.104 を参照。

第1章　第2　3 幼児期の終わりまでに育ってほしい姿（3）協同性

　　友達と関わる中で，互いの思いや考えなどを共有し，共通の目的の実現に向けて，考えたり，工夫したり，協力したりし，充実感をもってやり遂げるようになる。

　当然ながら協同性は子どもたち個人の成長のみで達成されるものではない。幼児教育・保育の現場においては，子どもたちは学級集団に所属し，担任，副任といった特定の保育者がもっともかかわる機会の多い大人となる。入園当初の子どもは「自分のクラス」という所属感に乏しいが，担任を中心とした保育者の温かいかかわりに支えられて，学級集団への所属感を育てていくのである。そして時間を経るにしたがって，「自分のクラス」から「自分たちのクラス」へと子ども

たちの意識が変化していく。子どもたちが日々の生活の中でその子らしさを発揮でき，一人ひとりの子どもが大切にされる経験が遊びを通して育まれていくことが，集団の成長につながっていくのである。

　集団の成長のために保育者が取るべき役割は，子どもたちの遊びをリードすることでもないし，ただ子どもたちと一緒に遊ぶことでもない。子どもたち一人ひとりが「やりたい」「わくわくする」ことをともに探し，必要な環境構成や最低限の援助や介入は行うが，子どもたち自身が遊びを自ら展開し発展させていくことを見守っていくことがもっとも重要な保育者の役割となる。この点は後に実践事例を通してより詳しく説明することとする。

2）学級集団の関係性の理解

　幼稚園教諭，保育士，保育教諭をめざす人は，幼児教育における「理想的な学級集団」とはどのようなものだと考えるだろうか。学生に尋ねてみると，たとえば「静かに教師の話を聞けるクラス」，「問題行動やトラブルが少ないクラス」，「行事に全力で取り組む団結力のあるクラス」などの意見が出る。これらはすべて大人から見た「理想的な学級集団」であり，保育者が子どもたちを管理・指導する傾向が強くなると，「落ち着きのあるまとまった学級」と自らの学級を判断するケースが多くなるようである。しかし子どもたちの側から見たらどうだろうか。たとえば「先生はいつも怒るからおとなしくしておこう」，「いつも先生が遊びを考えていてつまらない」，「先生のいうとおりにしておけばラクだから，よけいなことはいわないでおこう」などと考えているかもしれない。これでは「対話的で主体的な深い学び」が実現できるとはいえない。

　無藤隆は，「『主体的である』とは，子どもが心動かされ，意欲を持ち，周りの事物に意味あるものとして関わっていき，先への見通しをつくりだしあるいは示されながら，やってきたことを振り返ることで」成り立つと述べている (2018) **❶**。保育者は子どもたちの主体性が遊びの中で十分に発揮されるように，環境を構成し指導計画を立てて実践を行うのだが，決してそれは保育者が与えるだけの一方的なものではない。子どもたちとの対話を通じて生み出されていくものである。また，学級集団の中で，保育者は子どもたち同士の関係について日々観察を通して把握する必要がある。たとえば，「ごっこ遊びでは一部の自己主張の強い子どもたちが遊びを仕切っている」，「ケイドロ（警泥※ドロケイとも）のメンバーにいつも入れてもらえない子たちがいる」，「学級全員で行う鬼ごっこに参加していても，楽しそうではない表情をしている子が複数いる」など，遊び場面における子どもたちの様子を通して，学級集団の中での子どもたちの関係性について把握しておくことが必要である。

3）「集団遊び」の発達と保育者のかかわり

　本項では，幼児教育における「集団遊び」について見ていく。

❶ 汐見幸彦・無藤隆監修『〈平成30年施行〉保育所保育指針 幼稚園教育要領 幼保連携型認定こども園教育・保育要領 解説とポイント』ミネルヴァ書房, p.365, 2018

　3歳児で入園した子どもたちの遊びは，パーテン❶による遊びの分類によれば「**一人遊び**」や「**並行遊び**」（一緒の空間で同じ遊びをしているが，子どもたち同士の関係は成立していない）が多い。4歳児になると「**連合遊び**」（子どもたち同士で一緒に遊び会話するが，共通の目標に向かって協力したり役割分担したりする場面が見られない）が多くみられるようになり，5歳児になると「**協同遊び**」（遊びのテーマを共有して，役割分担や協力して遊ぶ場面が見られる）が多く見られるようになっていくなど，遊びの質が年齢とともに変化していく。

　たとえば子どもたちが大好きな鬼ごっこは，教育学者の田中浩司によれば，「追いかけっこ期」（3歳以前：例，大人が子どもを一方的に追いかけたり，子どもが複数で一人の大人を追いかける），「鬼ごっこ成立期」（3〜4歳：鬼ごっこのルールを埋解し，ルールを守って遊ぶことが可能になる），「鬼ごっこ展開期」（5歳以上：高オニやケイドロなど，より複雑なルールや集団同士が協力したり競い合う内容）へと発達していく（2014）❷。

　それぞれの時期において保育者の担う役割は異なってくる。保育者は遊びの指導において，子ども同士の関係をつないだり，遊びがより発展していくよう子どもたちを促したりする（例：ケイドロでどうやったらうまく捕まえられるか，あるいは逃げられるか，作戦会議をすることを提案するなど）。

　5歳児になると，集団遊びの場面で起きたトラブルに関しても，保育者はなるべく介入せず，子どもたち同士で解決できるように促していく。子どもたちはある一定の期間，何度も同じ遊びを集団で好んで行うことがある。保育者は集団遊びを通して子どもたち同士の関係性がより深まり，協同性が育まれることを目指して遊びの指導を行っていくことが必要となる。子どもたちが集団遊びの中で「こんなふうにしてみたい！」「わくわくする！」という思いを引き出し，実現するための手助けをすることは保育者の重要な役割となる。

② 協同的な学びと遊び

1）協同的な学びの基礎となる経験

　教育学者の大豆生田啓友は，幼児教育・保育の現場で協同性を育む基盤には，「安心感」が必要であり，保育者との信頼関係をベースに子どもは主体性を発揮していくと述べている（2018）❸。さらに園生活を送る中で同年代の友だちとかかわることの楽しさを感じるようになり，同じ遊びを友だちと「夢中になって遊び込む」経験を重ねていくことで，「できた」という充実感を感じ，最期までやり遂げようと努力する力が育まれる。

　例をあげよう。コマにひもを巻いて回すことは幼児にはなかなか難しい。しかし園の遊びの中でコマ回しが盛んに行われていて，5歳児が上手にコマを回し手にのせるなどの技を見せてくれたら，4歳児も「すごい！ぼく（わたし）もできるようになりたい！」と思って，何度も何度も練習することだろう。初めてコ

❶ Parten, M., Social Perception among preschool children The Journal of Abnormal ＆ Social Psychology, 27, 243-269, 1933

❷ 田中浩司『集団遊びの発達心理学』北大路書房, p.116-125, 2014

❸ 大豆生田啓友「協同性」, 無藤隆編著『10の姿プラス5・実践解説書』ひかりのくに, p.22-25, 2018

マを回せた時の達成感や充実感がいかに大きいものか容易に想像できる。やがて学級でコマ回し大会が開かれ、チームで競い合うことに子どもたちは熱中する。こうした経験を遊びの中で重ねることを通して、協力して最後までやり遂げることの意義を子どもたちは実感していくのである。

2）対話から展開する協同的な学びと保育者の役割

　幼児の協同性の育ちに必要な視点に、「協同的な学び」がある。「協同的な学び」とは、大豆生田❶によれば、「特に5歳児など、子どもの主体的な学びの中から、子どもたちの共通のテーマが生まれ、一定期間にわたって活動が展開するもの」とされる（下線は筆者による）。「協同的な学び」は「対話」によって展開する。幼児をとりまくさまざまな環境（人や自然、生き物、もの等）とのかかわりが豊かなものになるように、保育者は環境構成を行うことが求められる。

❶ 大豆生田前掲書

　無藤❷は、「『対話的である』とは、互いの思いや感じ方を言葉や身ぶりや作品その他により伝え合いつつ、物事を多面的に理解し、それぞれの考え方を深めていくこと」であると述べている。つまり、子どもたちの興味関心からテーマが生まれ、そのテーマについて互いの考えや価値観を共有しながら、遊びが展開していくのである。例を挙げると、「なぜ虫は冬にはいなくなるのか？」というある子どもの疑問から、子どもたちが自分の意見を出し合う。「虫はいなくなるのではなくて、土の中で眠っている」という意見や、「冬は隠れているから見つけにくいだけ」という意見がでるかもしれない。そこで実際に虫取りに出かけると、虫は見つからない。そこで昆虫を研究する近所の大学の先生に保育者からお手紙を書いてもらい、わかったことを学級で共有し、新聞を作るとする。そこから、「虫の一生」についての劇を行いたいという意見が出るかもしれないし、「冬眠している虫以外の生き物」について知りたいという意見が出るかもしれない。このように、子どもたちの興味・関心に沿って保育者は「協同的な学び」を子どもたちとともに作り上げていくのである。

❷ 無藤前掲書

❸ 対話によって展開した「協同的な学び」の実践

1）5歳児の行事を通した「協同的な学び」

　最後に、「協同的な学び」の保育実践例を紹介しよう。現在、全国各地の園で子ども主体の「協同的な学び」の実践が行われ、その成果が報告されている（参考文献であげた大豆生田〈2014〉、大豆生田〈2016〉など）。保育実践のプロセスを写真と簡単な文章で表現したドキュメンテーションで可視化（見える化）しており、保育者を志す学生には非常に参考になるため、一読を薦めたい。それらの実践に共通している点は、「子どもの興味・関心から生まれたテーマを子どもたちとともに深めていく」、「保育者は指示や誘導をせずに、子どもたち同士の対話から生まれるアイデアを尊重する」、「保育者は子どもたちと一緒になって『協

同的な学び』を楽しんでいる」，「保育者が人的・物的な環境を整えたり準備したりする際も，子どもたちと保育者との『対話』を大切にする」などが挙げられる。

　大豆生田と中坪史典は，広島県にあるかえで幼稚園における保育実践のドキュメンタリー映像を出版している（2018）。その中に収録された『シーン9　箱んでハイタワー』とタイトルが冠された内容を紹介したい。

❶ 大豆生田啓友・中坪史典編著『映像で見る 主体的な遊びで育つ子ども〜あそんでぼくらは人間になる』エイデル研究所，2016

　5歳児クラスでは，運動会の競技種目として保育者から，箱を3分間でできるだけ高く積むという種目を提案された。子どもたちと対話しながら，クラス内で「どうやったら高く積めるか」「どうやったら倒れないか」など話し合い，試行錯誤を重ねていく。2クラスの担任保育者は，子どもたちの意欲や競争心を引き出すかかわりを絶妙のタイミングで行っている。しかし必要以上に保育者が口を挟むことは控えている。「大きい箱から積む」や「箱の中心に穴を開けて棒に通して立てる」など，子どもたちから出てくるアイデアを一緒に行い，失敗したらその原因を子どもたち同士で話し合うなどのプロセスすべてが子どもたちにとって「協同性」と「主体性」を学ぶ経験となっている。

　練習試合で課題が見つかれば子どもたちの中から「こうすればどうかな」という改善点が生まれ，少しずつ箱の高さは高くなってくる。ある男の子は「やっぱりアタマはえらいね。だってアタマで考えよるじゃん。」と述べる。「学ぶ」ことの本質についてこの子は気づいたのである。一生懸命頭で考え，みんなで話し合っていくことで，よりよいアイデアが生まれるのである。

　そして運動会本番。なんと大人の背丈を超える高さの箱が積みあがる。勝敗はわずか数センチの差で一方のクラスが勝利するのだが，勝った方のクラスの子はもちろん負けた方のクラスの子の表情もどこかすがすがしく，「やりきった」という満足感にあふれている（もちろん悔しくて泣きそうな表情の子もいるが）。勝敗だけではない，子どもたちの協同的な学びのプロセスがよく現れている様子に，子どもたちの保護者からは惜しみない拍手が贈られている。

　行事は子どもたちが「協同性」を学ぶことができる貴重な機会であり「あきらめずに最後まで取り組む」，「一緒に共通の目的に取り組む」等を指導目標に保育者は指導を行っていく。高い技術や集団行動が求められる課題が悪いわけではない。しかし見栄えのよさや保護者の満足が優先され，保育者主導で行われる行事になるとすれば，子どもの主体性が発揮された「協同的な学び」の経験となることは難しいであろう。保育の質の転換が必要なこれからの時代においては，上記の保育実践に見られるような「子ども中心」の「協同的な学び」につながるよう，行事のあり方についても見直されていく必要があるのではないだろうか。

【参考文献】
■大豆生田啓友編著『「子ども主体の協同的な学び」が生まれる保育』学研，2014
■大豆生田啓友編著『「対話」から生まれる乳幼児の学びの物語』学研，2016

第5章【学びのふりかえり】

次の4つの問いに答えてみよう。

---

① 集団の成長に向けて保育者がとるべき行動と，逆にとるべきではない行動を記してみよう。

・とるべき行動：

・とるべきではない行動：

---

② バーテンが分析した子どもの遊びの種類を説明してみよう。

一人遊びや並行遊び：

連合遊び：

協同遊び：

---

③ 5歳児で実施する「協同性」の獲得につながる集団遊びを考えて，実施の方法とルール，そして保育者の指導のポイントについてまとめてみよう。

実施の方法とルール：

指導のポイント：

---

④ 共同的な学びについて，その特徴と，保育者に求められるかかわりをまとめてみよう。

特徴：

保育者のかかわり：

第6章 幼児教育・保育における子ども同士の関係

学びのポイント

● 子ども同士の人間関係について，保育者の適切なかかわりを理解する。

● 現代の人間関係の課題をふまえ，より適切な関係性とは何かを知る。

● 集団保育における人間関係について，保育者の適切な行動について考えを深める。

　社会学者の菅野仁は，家族や恋人，友人関係などの人間関係を想定しつつ，人間の幸福にとって重要なことは2つに分けられると述べ，「①自己充実」「②他者との交流」を挙げている（2008）**（図6−1）**。

　ここでいう「他者」とは，自分以外のすべての人間を指す言葉である。他者との交流は，さらに「イ　交流そのものの喜び」，「ロ　他者からの承認」とにわかれる。よい人間関係は，人間の幸福にとって，非常に重要な要素であるとされている。

　本章では，子どもの友人関係に注目する。地域社会の変容や少子化の影響で，地域の同じ年代の子どもとの間に，自然と人間関係がうまれる機会は少なくなった。また，きょうだいも少なくなり，家庭における人間関係は親子関係のみという子どもも多い。したがって，保育園や幼稚園に通う子どもたちにとっては，園での友人関係は重要な「教育資源」であるともいえる。

　保育者は，①園内での，子どもたちの現在の友人関係が心地良いものであることを目指しつつ，②子どもたちが将来，他者と関係を築き，良好に保つことのできるスキルを身につけられるよう援助することが求められる。そのために，どのような視点が必要かを本章では考えたい。

❶ 自己充実
❷ 他者との「交流」
イ　交流そのものの歓び ロ　他者からの「承認」

図6−1　「幸福」の本質的なモメント（菅野 2008: 37）

❶ 友だち関係の息苦しさ

1）「優しい関係」が息苦しさの原因に

　上でみたように，人間関係は幸福の源泉である。しかし私たちは，人間関係のことで悩むことも多い。他者は，幸福の源泉にもなれば，脅威の源泉ともなるという二重性をもっている（前掲の菅野，2008，p.41-46）。

　社会学者の土井隆義は，現代の若者たち（中高生）が，友人との対立の回避を最優先に，人間関係をつくっていると指摘する。そして，このような人間関係を指して「優しい関係」と呼んでいる（土井，2007）。「優しい関係」は，お互いが注意深く気を使い合う関係であり，そこで若者たちは「空気を読む」ことで慎重に人間関係をつくっていく。自分の発言やふるまいに常に細心の注意を払い，自分を制御（コントロール）している。

　このような人間関係は，とても疲れそうである。他者との衝突を避けようとすること自体は，悪いことではないだろう。しかし，過剰に場の「空気」を読むことを強制され，自己表現が制限されることをストレスと感じる人も多いのではなかろうか。現代の若者の中には，「優しい関係」の中で，消耗している人も多いのかもしれない。

　さらにこのような人間関係は，教室という「リアル」な空間だけでなく，LINE などの SNS（ソーシャル・ネットワーク・サービス）上でも継続する。現代では，学校から離れて家に帰ってからも，スマートフォンやタブレットを持っていれば友人と簡単につながることができる。これは，大切な人と気軽にいつでもつながっていられるという利点を持つ反面，1 日中友人関係から逃れられない環境が整えられてしまっているということもできる。

2）同調圧力からの自由

　菅野は，楽しく，心地良いものであるはずの友人関係が，逆に自分や相手を息苦しくさせてしまうような，妙な関係のなかではたらく目に見えない力のことを，「同調圧力」と表現している（菅野，2008，p.52）。これは，「優しい関係」の中で感じる息苦しさの正体といってもよいだろう。

　それでは，同調圧力から自由になるにはどうすればよいのだろうか。菅野は，同調圧力の中で互いに消耗し合うような関係から抜け出すためには，皆同じであること（同質性）を求めようとするよりも，異なる人が同時に存在すること（並存性）を重視し，気の合わない人や自分と違う人とも一緒にいる作法を身につけることが重要だと述べている（**図6－2**）。

　この考え方は，将来子どもたち，若者たちがさまざまな人々と同じ社会で生活していかざるを得ないことを考えると，大変重要であると思われる。教育哲学者の苫野一徳も，これからの子どもたちに必要な力として，「必要に応じて必要な人と関わり合える力」を挙げ，同様の指摘をしている（苫野，2019，p.43）。

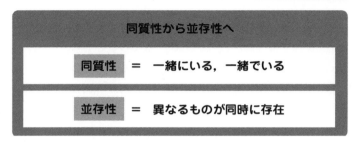

図6－2　同質性と並存性（菅野　2008：52）

② 「みんな仲良く」から「排除しない」関係へ

1）「いい子」であるというメッセージ

　同質性の強調は，どのような形でなされるのだろうか。たとえば，園や学校で「みんな仲良く」「みんな一緒に」などの標語が掲げられることがある。このような標語の中に，同質性を重視する考え方が，こっそり忍び込まされている。

　これらの標語から子どもたちが受け取るのは，「みんなと仲良くできる子」「みんなと合わせられる子」が「いい子」であるというメッセージである。そして，学校などの空間の中で，この規範が子どもたちに共有されると，その場の雰囲気を乱す子どもや，その他大勢と歩調を合わせられない子どもは，「悪い子」に位置づけられてしまう。

　すると，「悪い子」に対し，非難のまなざしや，「空気を読め」という圧力（同調圧力）がまわりの子どもたちからかかることになる。これは，「悪い子」とされてしまった子どもには大変なストレスになるだろう。

　しかしたとえば，発達障害がある子どもの中には，そもそも他者の立場に立って考えることが苦手な子どもも多い。また，海外から来た子どもには，このような「日本的」な集団のルールを理解できないことも多いだろう。大勢が暗黙のうちにイメージする「みんな」を理解し，それに合わせることのできない子どもにとっては，このような集団はとても息苦しいことだろう。

　しかも，実はその他大勢の「いい子」も，みんなに合わせようと一生懸命で消耗していると考えられる。みんな「悪い子」にならないように，自分の言動に注意を払い，空気を読むことに必死になる。「みんな仲良くしましょう」といったようなあいまいなメッセージは，子どもたちにとってマイナスが大きい。

　別の角度から考えてみよう。「みんな仲良く」することで得をするのは誰だろうか。それは，「先生」である。「みんな仲良く」と呼びかけることで，子どもたち同士のトラブルや衝突を減らすことができる。子ども同士のトラブルが生じなければ，先生が仲裁に駆り出されることもなくなるのだから，先生という立場にある人にとっては好都合である。みんなと仲良くできない子を悪い子に仕立て上げることができれば，大勢の「いい子」が悪い子を叱ってくれる。先生にとっては，これも大変ありがたい。おそらく，多くの先生たちは，そのような悪意をもって「み

んな仲良く」と呼びかけているわけではないだろう。しかし，意図せざる結果として，子どもたち同士が相互に監視し合うような関係性が生じ，多くの子どもにストレスがかかることになってしまう。先生が，本当に「みんな仲良く」を目指すのであれば，仲の良い状態とはどのような状態なのかを定義し，その状態に達するにはどのようなふるまい方が必要なのかを明らかにしたうえで，子どもたちの関係性が育っていく過程に具体的に介入するべきではないだろうか。

2）他者を前提とした「並存性」の原理に立つ

　同質性とは反対に，並存性の方を強調しようとすれば，先生は次のようなメッセージを発するべきだろう。

　世の中にはいろいろな人がいる。みんなと仲良くできる人もいるかもしれないが，人間は相性が合う，合わないがある。だから無理に仲良くしなくてもよい。だけど同時に，この教室の全員に，この場で学び，自分自身の居場所として生活する権利がある。その権利を侵害してはいけない。他者を傷つけることは許されない。

　そもそも，誰と仲良くし，誰とつきあわないかは，子どもたちの選択にゆだねられるべきことであって，先生にとやかく言われるべきことではない。上でみたように，「みんな仲良く」は子ども同士のつながりを無理やり強め，同質性を要件とする集団をつくろうとする。そうではなく，異なる他者同士の「並存性」の原理に基づいた働きかけによって，子どもたち同士が互いに排除しあわないことを重視し，子どもたちが自由にふるまう余地を拡大することが必要である。そのことにより，子どもたちが安心して自己表現できる空間をつくることが，先生には求められる。

　それにより，子どもたち同士が空気を読み合う「消耗合戦」から，子どもたちが解放される。そして，「いじめ」などの暴力的な排除へと向かおうとする集団の力学が，いくらか緩和されるのではないだろうか。また，そこで得られた人間関係づくりの知恵は，子どもたちがこれからの社会の中で，多様な人間関係の網の目の中を上手に生きていくための，財産になるはずである。

❸ 保育者としての「集団づくり」

　先にも述べた通り，保育施設での同年代の子ども集団との出会いは，子ども一人ひとりにとって貴重な機会である。したがって保育者は，同年齢／同年代の子どもたちとともに集団で生活するという経験が，子どもにとって利益になるように働きかけることが望ましい。第4章で取り上げた集団づくりの議論を，本節では違う角度から論じたい。

　個人と集団とを，どちらかを重視すればどちらかが軽視されるかのように，二項対立的にとらえるのでは不十分である。「一人ひとりに応じる」という幼児教育・

保育の基本的な考え方を踏まえると，子ども集団の中で個人が我慢をしたり，周囲に合わせようとしてストレスを感じるなどの状況は望ましくない。しかし，子ども個人の自由を重視することは，集団生活において守るべき決まり事やルールを守らなくてよい，ということではない。

とはいえ，決まり事やルールが多すぎれば，子どもの自由度は低下し，息苦しくなってしまうだろう。子ども個人の自由度を可能な限り高めることと，子どもたち一人ひとりが心地よく生活するための決まり事やルールを，どのように設計するかという点が重要である。放任でも，行き過ぎた管理でもないあり方を模索していくことが求められている。

保育・教育界では，おおむね1970～80年代頃に，「集団づくり」という方法が熱心に探求された。教育学者の加藤繁美によれば，集団づくりは子どもたちの自立と，自分たちのクラス運営について話し合いなどを通して自主的な運営をする過程を重視し，幼児の生活を保育者が意識的に組織化していくものであった（加藤，2010）。そこでは，集団のきまりや秩序を優先して，個人が我慢をするような二者択一的な議論はなされていない。

しかし，こうした集団保育は，「子どもの主体性を強調しながら管理を徹底していたり，自治集団を目標にしながら，管理されることを好む子どもを結果的に育てていたり，集団からはみ出す子どもを「困った子ども」として排除していたりと，無意識のうちに子どもの権利を侵す実践を展開する危険」があると危惧している（加藤，2008，p.68－69）。それほど，子ども個人の自立と，民主的で個人を侵害することのない集団とを両立することは，保育者にとって難しいということである。

国立教育政策研究所は，2018年の国際調査報告書の中で，諸外国（チリ・デンマーク・ドイツ・アイスランド・イスラエル・韓国・ノルウェー・トルコの8か国）と日本の，保育実践に関する調査をまとめている（2020）。その中の「保育者への調査」の中で，子どもの「向社会的行動」に関し，どのような実践をしているかを訊ねた項目がある。次ページの**表6－1**は，各項目に対して「非常によく当てはまる」実践と回答した保育者の割合を比較したものである。

これをみれば，子ども同士が「互いに助け合う」「共有する」「励まし合う」「仲間に入れる」といった集団内の具体的なふるまいを，日本の保育者は具体的に子どもに示していないことがわかる。日本の保育者に求められるのは，「みんな仲良く」といったあいまいなスローガンではなく，他者に対するふるまい方を，子どもたちに一つひとつ具体的に示すことかもしれない。

表6－1　保育者による向社会的行動への促し

（各項目に対して「非常によくあてはまる」実践とした保育者の割合）

向社会的行動への促し	参加国平均	日本
保育者は子供たちが互いに助け合うよう促す	約80%	57.1%
保育者は子供同士で共有することを促す	約70%	47.8%
保育者は子供たちが互いに励まし合うよう促す	約65%	39.6%
保育者は少数のグループで遊ぶ子供たちに,他の子どもも仲間に入れるよう促す	約50%	19.3%

資料）国立教育政策研究所『幼児教育・保育の国際比較（OECD 国際幼児教育・保育従事者調査 2018 報告書）』明石書店，2020

【参考文献】

■ 土井隆義『友だち地獄―「空気を読む」世代のサバイバル―』筑摩書房，2007
■ 菅野仁『友だち幻想―人と人との＜つながり＞を考える―』筑摩書房，2008
■ 加藤繁美「『自分づくり』のアンサンブルとして形成される『生成する子ども集団』―喜びと希望に開かれた『集団づくり』の課題と可能性」,『現代と保育』第77号，ひとなる書房，2010
■ 国立教育政策研究所『幼児教育・保育の国際比較―質の高い幼児教育・保育に向けて―（OECD 国際幼児教育・保育従事者調査 2018 報告書）』明石書店，2020
■ 苫野一徳『「学校」をつくり直す』河出書房新社，2019

第6章【学びのふりかえり】

保育所保育指針「人間関係」に示されるそれぞれの内容を実践するために，保育者はどうかかわるべきか。
「内容の取扱い」や「保育所保育指針解説」などをもとに考えてみよう。

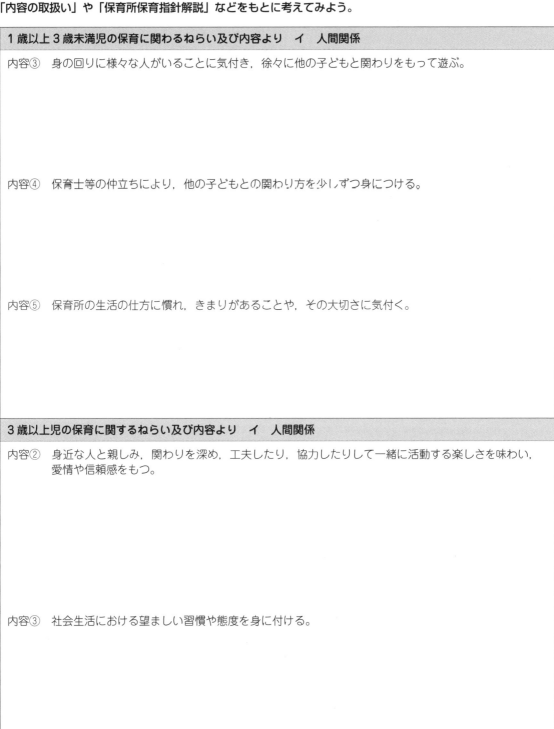

1歳以上3歳未満児の保育に関わるねらい及び内容より　イ　人間関係

内容③　身の回りに様々な人がいることに気付き，徐々に他の子どもと関わりをもって遊ぶ。

内容④　保育士等の仲立ちにより，他の子どもとの関わり方を少しずつ身につける。

内容⑤　保育所の生活の仕方に慣れ，きまりがあることや，その大切さに気付く。

3歳以上児の保育に関するねらい及び内容より　イ　人間関係

内容②　身近な人と親しみ，関わりを深め，工夫したり，協力したりして一緒に活動する楽しさを味わい，愛情や信頼感をもつ。

内容③　社会生活における望ましい習慣や態度を身に付ける。

第**7**章 子どもとのかかわりを通した幼児理解と評価

━━━━━━━━━ 学びのポイント ━━━━━━━━━

● 保育の質とは何かを理解して，保育者の不適切なかかわり方を知る。
● かかわりを通した幼児理解と，保育者の適切な態度を学ぶ。
● 領域「人間関係」のねらいと評価の視点について考えを深める。

① 保育の質と保育者／子ども関係

1）保育プロセスを評価する観点

保育の質を高めることは，子どもにとっての利益を高めることに他ならない。保育の質は，「**構造の質**」と「**プロセスの質**」に分かれる。構造の質とは，制度的なものであり，プロセスの質とは，子どもが実際に保育の中で経験することにかかわっている。そして，保育者の存在──保育者の信念や態度・スキル──は，「プロセスの質」に強くかかわっている（国立教育政策研究所，2018）。

シラージ❶らは，「保育者がケアと教育の両方を大切にし，子どもたちとかかわること」が保育の質にとって重要であると述べている。子どもにとって利益の大きい，効果的な保育環境では，保育者がどのように子どもたちとかかわり，子どもたちの学びと発達を支えるかが重要である。そこで，保育者にとっては子どもとのかかわり方が，重要な問題となる。子どもが保育者とのかかわりから大きな利益を得るためには，どのようなかかわり方が，望ましいだろうか。

シラージらは，保育プロセスの評価のために，保育者の子どもへのかかわりを「不適切」「最低限」「よい」「とてもよい」と評価するものさし（尺度・スケール）を作成している。このものさしの背景には，保育者は子どもの「社会的・情緒的スキル」（非認知能力）と「認知的スキル」の双方を伸長することが求められるという考え方がある。

したがって，その評価は，子どもの「社会的・情緒的な発達」と，「認知的な発達」という２つの観点からなされる。そして，「社会的・情緒的な発達」をより具体的に測るため，「1.信頼，自信，自立の構築」「2.社会的，情緒的な安定・安心」という２つの視点が設定されている（２つのサブスケール）。また，「認知的な発達」の測定には，「3.言葉・コミュニケーションを支え，広げる」「4.学びと批判的思考を支える」「5.学び・言葉の発達を評価する」という３つの視点が設定されている（３つのサブスケール）。

❶ Iram Siraji。オックスフォード大学教育学部教授。子どもの発達と学習，保育の質の保証などに関する研究論文や書籍を多数著す。

表7-1　子どもへの「不適切なかかわり」

		「不適切」とされるかかわり
社会的・情緒的な発達	1 信頼，自信，自立の構築	① 物事の線引き，きまり，子どもたちに期待することを保育者間で共有しておらず，対応が一貫していない
		② 困ったり，悲しんだり，悩んだりしている子どもがいても，放置している場合がある
		③ 保育を計画する際，子どもたちの興味を考慮していない
		④ 子どもたち一人ひとりが，好きなように遊んだり活動したりすることを許していない
		⑤ 保育者が，グループやグループ分けの重要性についてほとんど理解していない
		⑥ グループの遊びや活動と個人の遊びや活動との，空間や時間の明確な区切りがない
	2 社会的・情緒的な安定・安心	① 子どもたちが表出した感情を，軽く扱う，無視する，退ける，もしくはあざ笑う等している
		② 子どもたちに対して，温かく，受容的な身ぶりをしていない
		③ 子どもと保育者，子ども同士のやりとりを促すような保育環境や活動を用意していない
認知的な発達	3 言葉・コミュニケーションを支え広げる	① 子どもたちが必要なこと以外は話せないようにしている
		② 保育者が主として，子どもたちの行動を統制し，ルーティンをこなすために話しかけている
		③ 室内で生じている音が，話し声が聞こえないくらいに大きい
		④ 保育者がコミュニケーションを息苦しくしている
		⑤ 子どもから助けを求められても無視している。助けの求め方が直接的である場合も間接的である場合も含む
		⑥ 子どもたちに赤ちゃん扱いする仕方（子どもたちの話し方を真似てばかにするような言い方）で話しかけている
		⑦ 保育者が貧しい語彙，あるいは不適切な言葉を多く使っている
		⑧ 子どもが理解できない言葉を多く使っている
		⑨ 子どもたちと最低限かかわるのみで，それ以上かかわろうとしていない
		⑩ 保育者同士が話すばかりで，目の前にいる子どもたちを無視している
		⑪ 子どもたちと個別にかかわることがほとんどなく，つねに子どもたちのグループ全体と会話している
		⑫ 子どもたちが明らかに苦痛な状況に置き去りにされている
	4 学びと批判的思考を支える	① 保育室内の学びのための環境が，つねに同じように配置され，同じ素材や教材，活動で構成されている
		② 子どもたち同士のいざこざが始まらない限り，つねに子どもたちだけで遊ばせており，保育者は見ているだけである
		③ お話，本，歌，言葉遊びなどの場面で，子どもとの個別のかかわりをほとんどしていない
		④ お話，本，歌，言葉遊びなどの場面が，保育者のかかわりがグループ全体へのものに限られている
		⑤ 子どもたちが探求したり，調べたりすることをほとんど支援していない
		⑥ 科学や算数，問題解決，あるいは概念について，保育者がほとんど理解を示していない
		⑦ 子どもたちの思考や概念発達を支えるような遊びや活動を計画していない
	5 学び・言葉の発達を評価する	① 評価（アセスメント）が，発達段階や活動の進捗状況のみを扱っている
		② 評価の際，発達の大まかな区切りしか評価していない

これら1〜5の視点に関して，「不適切」なかかわりから「最低限」「よい」「とてもよい」の4段階のかかわり方が示されている。本来この「ものさし」は，それぞれの施設の保育の質を第三者が評価し，改善のための助言をするために用いられるものである。しかし，それぞれの評価項目を読むと，保育者の子どもへのかかわり方の指針として参考になる。**表7-1**は，これらのものさしの中で，「不適切」とされている保育者のかかわり方を並べたものである。

表7-2　保育所の人員配置基準

子どもの年齢	保育者1人当たり子ども数
0歳	3人
1・2歳	6人
3歳	20人
4・5歳	30人

資料）「児童福祉施設の設備及び運営に関する基準」より

2）不適切な保育からの脱却

このリストに記されているようなかかわり方は，保育者が「やってはいけない」こととして受け止める必要がある。たとえば1-③では「保育を計画する際，子どもたちの興味を考慮していない」，1-④では「子どもたち一人ひとりが，好きなように遊んだり活動したりすることを許していない」と記されている。これらの項目から，子どもの興味・関心を無視したかたちで実施される教師（保育者）主導型の設定保育や，画一的な一斉保育ばかりでは，不適切な保育として位置づけられてしまうことがわかる。

現在の日本の制度では，保育者1人当たりの子どもの人数（人員配置基準）が先進国の中で非常に多いといわれる。**表7-2**は保育所の基準であり，幼稚園では，年少から年長（3歳〜5歳児クラス）まですべて1学級最大35人となっている。このような制度環境では，子どもたち一人ひとりに応じる対応は物理的に制限されてしまう（この点は「構造の質」が劣悪であるということができる）。そのような中で，どのようにして子どもたち一人ひとりとのかかわりの機会を確保するかは，日本の保育者にとって大きな課題である。

② かかわりを通した幼児理解

「プロセスの質」を向上するために，子どもの興味・関心のありかを突き止め，その子どもがどのような個性を持っているのかを理解する必要がある。文部科学省は，「幼児との関わりを通した幼児理解」として，そのポイントを以下のように説明している。

幼児理解は，「保育の出発点」と位置づけられている。そして，「教師は幼児と生活を共にしながら，その幼児が今，何に興味を持っているのか，何を実現しようとしているのか，何を感じているのか」をとらえ続けなければならないとして

表7－3　文部科学省（2019）による正しい／間違った幼児理解の例示

正しい幼児理解	・一人一人の幼児と直接に触れあいながら，幼児の言動や表情から，思いや考えなどを理解しかつ受け止め，その幼児のよさや可能性を理解しようとする ・幼児の発達の実情を的確に把握する ・一人一人の幼児の個性や発達の課題を捉える
間違った幼児理解	・幼児の行動を分析して，この行動にはこういう意味があると決めつけて解釈をする ・何歳にはこのような姿であるという一般化された幼児の姿を基準として，一人一人の幼児をその基準に照らして優劣を評定する ・幼児と幼児を比較し，優劣を評定する

資料）文部科学省「幼児理解に基づいた評価」2019より作成

いる。

そのうえで，子どもの発達を促すのが，保育者との「温かい関係」であるとしている。これは，子どもの発達を促す条件としての「能動性」が，「周囲から存在や行動を認められ，温かく見守られていると感じるときに発揮される」という認識に基づいている。そのうえで，「一人ひとりに応じる」保育が必要であるとされている（文部科学省，2019，p. 3－4）**（表7－3）**。

幼児理解は，保育者と子どもとのかかわりを通して行われ，保育者自身のかかわり方を振り返るためにも必要であるとされる。

そして，幼児理解の具体的な過程としては「幼児の生活する姿から，その幼児の心の世界を推測してみる→推測したことを基にかかわってみる→かかわりを通して幼児の反応から新しいことが推測される」という循環の中で，徐々に幼児の行動の意味を見出すことが提示されている。

保育者と子どもとのかかわりは，それ自体が子どもにとっては教育的な意味を持つと同時に，保育者にとっては子ども理解を深める機会となるような態度が求められている。

③ 領域「人間関係」における評価の視点

保育における評価の考え方は，「子ども自体を評価してランクづけする」ようなものではない。あくまで，「子ども理解と，それをてがかりにした保育の改善」であり，保育者が保育を振り返り，評価することである。つまり，保育における評価とは，子どもを評価することではなく，保育者が，保育の改善の過程で行われる振り返りを指している。

その時，評価の「妥当性」「信頼性」が問題になる。そのために，エピソードや写真などの日々の記録が活かされる必要がある。それらの記録を共有して，園

表7－4　保育所保育指針「乳児保育に関わるねらい及び内容」

人間関係： 他の人々と親しみ，支え合って生活するために，自立心を育て，人と関わる力を養う	
1歳以上3歳未満児のねらい	3歳以上児のねらい
①保育所での生活を楽しみ，身近な人と関わる心地よさを感じる。 ②周囲の子ども等への興味や関心が高まり，関わりをもとうとする。 ③保育所の生活の仕方になれ，きまりの大切さに気付く。	①保育所の生活を楽しみ，自分の力で行動することの充実感を味わう。 ②身近な人と親しみ，関わりを深め，工夫したり，協力したりして一緒に活動する楽しさを味わい，愛情や信頼感をもつ。 ③社会生活における望ましい習慣や態度を身に付ける。

内で複数の保育者が多面的に子どもの姿をとらえるなどの「創意工夫」が求められる（文部科学省「幼稚園教育要領解説」2018）。

　領域「人間関係」における評価の視点とは，保育者がこの領域にかかわって，保育を改善していくための視点である。その際は，幼児理解を基本として，領域「人間関係」のねらいを踏まえて行われる必要がある（**表7－4**）。

　子どもの発達過程や幼児理解を基本として準備した環境や実践（子どもへの提案・言葉かけ・保育の展開など）が，子どもにとって，その活動のねらいにつながるような経験になったかどうかという視点が重要であるといえる。そしてその振り返りは，保育の中の子どもの姿をみとることによって，行われる必要がある。その際には，観察や記録の技術が要求されることになる。

　そして，園内で複数の保育者によって多面的に子どもの姿をとらえようとする「園内研修」のような場を設けられるかどうかは，各園の管理職の働きかけによるところが大きい。保育の評価・改善は，個々の保育者に求められているが，管理職がそのような環境を準備できるかどうかも重要となる。子どもの保育時間が長期化する一方で，保育者の働き方改革が求められる中，個々の保育者の評価を，組織的に支える体制の構築が求められている。管理職が，園をマネジメントする力が問われているといえるだろう。

【参考文献】

■厚生労働省「保育所保育指針」2018
■文部科学省「幼稚園教育要領解説」2018
■文部科学省「幼児理解に基づいた評価」2019
　https://www.mext.go.jp/a_menu/shotou/youchien/07121724/__icsFiles/afieldfile/2019/05/15/1296261_1.pdf
■イラム・シラージほか『「保育プロセスの質」評価スケール—乳幼児期の「ともに考え，深めつづけること」と「情緒的な安定・安心」を捉えるために』明石書店，2016

第7章【学びのふりかえり】

「正しい幼児理解」と「間違った幼児理解」についてまとめてみよう。

参照：文部科学省「幼児理解に基づいた評価」の（3）幼児を理解し、保育を評価するとは（p.9）など（参考文献の URL 参照）

正しい幼児理解
・ ・ ・

間違った幼児理解
・ ・ ・

第**8**章　特別な支援を必要とする子どもの援助

学びのポイント

● インクルーシブ保育・教育が重要となった背景を学ぶ。
● 知的障害と発達障害について，基礎的な知識を習得する。
● 支援を必要とする子どもなどの状況と保育支援について考えを深める。

---

1 障害のある子どもの理解

1）インクルーシブ教育とインクルーシブ保育

　2006年の国際連合総会において，「障害者の権利に関する条約（障害者権利条約）」が採択された（日本は2014〈平成26〉年に批准）。幼児教育・学校教育においては2007（平成19）年から特別支援教育が始まり，一人ひとりの子どものニーズに沿った適切な教育の機会が提供されるようになった。そして2013（平成25）年に「障害を理由とする差別の解消に関する法律（障害者差別解消法）」が成立した（2016〈平成28〉年施行）。社会の中で障害者の権利や人権が尊重され，すべての人間が共に尊重し合いながら生活するための共生社会の実現を目標とする施策が進められている。

　「障害者差別解消法」では，障害者に対する「不当な差別的取り扱いの禁止」と「合理的配慮」が述べられている。「合理的配慮」とは，「障害者の権利に関する条約（障害者権利条約）」第2条において次の通り定義されている。

> **障害者の権利に関する条約　第2条**
> 　障害者が他の者との平等を基礎として全ての人権及び基本的自由を享有し，又は行使することを確保するための必要かつ適当な変更及び調整であって，特定の場合において必要とされるものであり，かつ，均衡を失した又は過度の負担を課さないものをいう。

　幼児教育・保育においても，障害のある子どもを含む特別な教育的ニーズを持つ子どもたちに対して，合理的配慮を提供することが必要となる。

　日本の障害児保育においては，障害のある子どもと障害がない子どもを別々に保育する形態である「分離保育」と，障害のあるなしにかかわらず同じ集団で保育を行う「統合保育」が主流であった。しかし上記の法整備に伴い，今後は障害のある／なしにかかわらず，全ての子どもたちを集団から排除することなく，

それぞれの個性を生かし「包み込む」，「インクルーシブ保育」「インクルーシブ教育」の実践が重要となる。そのためには保育者は障害について理解する必要がある。本節では保育・幼児教育の現場で保育者が出会う頻度が高い，知的障害と発達障害について取り上げる。

2）知的障害

　厚生労働省によると，知的障害とは「知的機能の障害が発達期（おおむね18歳まで）にあらわれ，日常生活に支障が生じているため，何らかの特別な援助を必要とする状態にあるもの」と定義されている。また，知的障害の判断基準は次の2点で総合的に判断される。

①「知的機能の障害」について：標準化された知能検査の測定結果がIQ70まで

②「日常生活能力」について：身辺自立，運動機能，コミュニケーション能力などの到達水準の同年齢との比較

　知的障害を伴う染色体異常の疾患の一つにダウン症がある。ダウン症児は感染症にかかりやすい，身体疾患を合併しやすいなどの特徴はあるが，インクルーシブ保育・教育になじみやすい特徴を持っている。また，知的発達が他児と比較してゆっくりである子どもに保育現場・幼児教育の現場で出会うことは多い。たとえば「制作の場面で保育者の指示が理解できず，周りをきょろきょろ見回している」，「自分の気持ちをうまく伝えられず，他児にかみついてしまう」，「お昼寝後の起床時は泣いて機嫌が悪く，保育者が手伝わないと次の行動に移れない」などの行動が見られる。上記の行動は2歳児であれば珍しくない行動であるが，4歳児で同様の行動が見られる場合，保育者にはその子どもの行動が「気になる」と感じられる。

　子どもの発達には個人差があり，保育者は子どもの発達の個人差に配慮したはたらきかけを行う必要がある。一方で「個人差か，発達の遅れかの見極めが難しい」という現場の保育士の声も聞く。大事なことは，保育者が発達の個人差を認めながら，「いま子どもが困っていることは何か」を観察し，記録していくことである。知的な遅れの見られる子どもは，年齢が上がるにつれ自分に対する自信を無くしてしまうことがある。「みんなができているのに，ぼく／わたしはできない」と子どもが感じることがないような配慮と保育・教育上の工夫が求められる。

3）発達障害（自閉スペクトラム症，AD/HD，LDなど）

　「発達障害者支援法❶」第2条第1項によれば，発達障害とは，「自閉症，アスペルガー症候群その他の広汎性発達障害，学習障害，注意欠陥多動性障害その他これに類する脳機能の障害であってその症状が通常低年齢において発現するもの」と定義されている。発達障害はいわば個人内の発達の凸凹（できるところと，できないところの差）が大きいため，社会生活に困難さを抱えている程度がある一定の基準を超えている状態である。本項では自閉スペクトラム症，AD/HDに

❶ 発達障害の早期発見と支援を目的として2005（平成17）年に施行。2016（平成28）年の改正により，発達障害を社会の問題として捉え，障害を通じた支援等が盛り込まれた。

ついて取り上げる。

①自閉スペクトラム症（ASD）

　自閉スペクトラム症（ASD）とは，社会的なコミュニケーション能力の障害を中心的な症状に持つ発達障害であり，アメリカ精神医学会作成の診断統計マニュアルである**DSM－5❶**の診断基準に照らせば，

（ⅰ）社会的コミュニケーションおよび相互関係における持続的障害

（ⅱ）限定された反復する様式の行動，興味，活動

が中核的な症状とされている。言語，非言語を用いた人との関係の取り方やコミュニケーション表出が極端に苦手であったり，この先どうなるかという変化を想像することが困難な状態が見られたりする。知的な遅れがある場合とない場合，言語発達の遅れはないが極端に場の雰囲気が読めない場合などがあり，症状の現れ方は多彩である。

　保育・幼児教育の現場では，「場面の変化に対応できずパニックになる」，「他児とのかかわりが一方的であるか，逆にかかわりを持とうとしない」，「音やにおいに敏感で，クラス全員で行う保育活動に参加できない」などの特徴が見られる。

　ASD の子どもたちは特に集団生活において困難を感じやすい。近年 ASD の子どもの心理を当事者の視点から書いた書籍が出版されるようになった。作家の東田直樹は中学生の時に出版した著書『自閉症の僕が跳びはねる理由』（2007）の中で，ASD の当事者の心理を詳細に表現している。たとえば「どうして質問を繰り返すのですか」という問いに，「僕らは質問を繰り返すことで，相手の言ったことを場面として思い起こそうとするのです」と述べている。本書は ASD の子どもたちの独特の感覚を理解する手がかりとして一読を薦めたい。

　ASD の子どもを保育・教育する際は，個人差に配慮しつつ本人の行動を観察し，「何に困っているのか」「何を苦痛に感じているのか」を保育者が理解した上で「どうすれば園ですごしやすくなるか」を考えて実行することが支援の基本となる。ASD の子どもは視覚的な情報処理能力が優位なことが多いため，予定やとるべき行動を写真や絵で視覚的に提示する「視覚支援」が有効なことが多い。

② AD/HD（注意欠如／多動性障害）

　AD/HD（注意欠如／多動性障害）は3つの基本特性を有している。

（ⅰ）注意を持続させることが難しく，うっかりミスが多い「不注意」

（ⅱ）じっとしておれず体の動きやおしゃべりが止まらない「多動性」

（ⅲ）がまんしたり待つことが難しく，すぐに手が出たり列に割り込んだりしてしまう「衝動性」。

　DSM－5ではこれら3つの症状がどの程度見られるかによって，「混合発現型」，「不注意優勢型」，「多動性－衝動性優勢型」におおまかに分けられる。「不注意優勢型」の AD/HD 児は保育・教育現場では「何をするにも時間がかかる」「保育者の指示を聞いていないことが多い」「忘れ物が多い」などの行動が見られる。

　一方「多動性－衝動性優勢型」の AD/HD 児は，「つねに動き回りじっとして

❶ Dia-gnostic and Statistical Manual of Mental Disorders。アメリカ精神医学会が精神疾患の診断基準・分類を定義した資料。1952年に第1版が発行され，現在使用される第5版（DSM－5）は2013年に公表されたもの。

いない」，「ルールや順番が守れず，すぐに手が出る」，「高いところや危険な場所にすぐに登る」などの行動が見られる。AD/HD の子どもたちは集団活動において困難さを感じることが多く，その特性を保育者側が理解していないと，保育・幼児教育の現場では叱ってしまう場面が多くなる。彼らはわざと動いているわけではない。ある AD/HD 児の言葉によると「体が勝手に動いている」のである。そして動いてしまった後，お友だちを叩いてしまった後に，「またやってしまった！ボクってダメだ…」と後悔するのである。そのため二次障害（誤ったはたらきかけにより問題が複雑になること）を抱えやすい。AD/HD 児に対して保育者は，子どもが「どうしたら集中できるか」，「動きたくなったらどのように対応するか」「お友だちとのトラブルにどう対処するか」など，集団の中で生きやすくなる方法を考えていくことが重要となる。たとえ周りから見て当たり前と思えるような行動であっても，積極的に「ほめる」ことが有効である。彼らが周りの子どもたちに認められ，お友だちと仲良くできるために，周りの子どもたちにAD/HD 児の「いいところ」を保育者が伝えていくことも必要であろう。

❷ その他の特別なニーズのある子どもたちの理解

1）外国籍の子どもたちや海外から帰国したばかりの子どもたち

幼稚園教育要領には以下のように記載されている❶。

❶ 巻末資料・幼稚園教育要領 p.108 を参照。

> **第1章　総則　第5　特別な配慮を必要とする幼児への指導**
> 2　海外から帰国した幼児や生活に必要な日本語の習得に困難のある幼児の幼稚園生活への適応
> 海外から帰国した幼児や生活に必要な日本語の習得に困難のある幼児については，安心して自己を発揮できるよう配慮するなど個々の幼児の実態に応じ，指導内容や指導方法の工夫を組織的かつ計画的に行うものとする。

外国籍の子どもは日本社会とは異なる文化，宗教，生活習慣等に親しんでおり，中には日本語の習得に困難のある幼児も存在する。海外から帰国したばかりの幼児も同様の困難さを抱えていることがある。保育者はその子どもの暮らしていた文化を尊重し，必要に応じて簡単な母語を使って子どもとコミュニケーションをとるなどしながら子どもとの信頼関係を構築していくことが必要である。子どもたち同士が違いを認め合える人間関係を作れるよう日々の保育実践・教育活動を行う必要がある。また，園と家庭との連携を密にし，異文化の中で家庭が孤立せず地域とつながっていけるようサポートしていくことも重要である。

2）家庭環境に困難さを抱える子どもたち
①子どもの貧困

厚生労働省の「2019 年国民生活基礎調査の概要」によると，2018（平成 30）

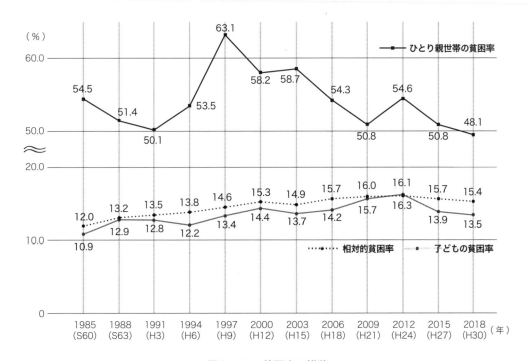

図8-1　貧困率の推移

資料）「2019年国民生活基礎調査」より作成

年の相対的貧困率（同年の貧困線＝127万円未満の年収で暮らしている世帯員の割合）は15.4％であり，子どもの貧困率（17歳以下）は13.5％となっている（図8-1）。およそ7人に一人の子どもが貧困世帯で暮らしていることになる。さらにひとり親世帯の貧困率は48.1％となっており，先進国の中で非常に高い水準である。教育学者の小西祐馬は「子どものその後の成長に対してもっとも高いリスクをもたらすのが『乳幼児期の貧困』なのです」と述べている（2016）。子どもの貧困対策はわが国の喫緊の課題である。

②児童虐待

　児童虐待も日本社会全体で取り組むべき課題である。厚生労働省の発表によると，2018（平成30）年度における児童相談所での児童虐待相談対応件数は15万9,850件であり，2015（平成27）年度に10万件を超えた後も増加傾向が続いている。

　保育所保育指針においては以下のように記載されている。

第4章　子育て支援　2の（3）「不適切な養育等が疑われる家庭への支援」
　イ　保護者に不適切な養育等が疑われる場合には，市町村や関係機関と連携し，要保護児童対策協議会で検討するなど適切な対応を図ること。また，虐待が疑われる場合には，速やかに市町村又は児童相談所に通告し，適切な対応を図ること。

特に乳幼児期の虐待は子どもの生命に危険が及ぶとともに，その後の心身の発達に重篤な障害を与える危険性が高い。小児精神科医で脳科学の専門家である友田明美は，被虐待経験が子どもの脳の発達に甚大なダメージを与えるとともに，虐待の種類や虐待を受けた年齢によって損傷を受ける脳の部位が異なることを明らかにしている（2012）。

被虐待児は他者への信頼感に乏しく，「かっとなると抑えがきかない」，「大人との距離感がわからず誰彼構わず甘える」，「他者に容易に心を開かない」，「大きな声に体がこわばって固まってしまう」，「被虐待場面が突然思いだされ，パニックになる（フラッシュバック）」などの行動特徴を示すことがある。また被虐待児は，「大人を挑発してわざと怒らせたり，わざとルール違反を起こして保育者の注目を惹こうとしたりする行動」も見られることがある。

著者はあるベテラン保育士から，「発達の気になる子への対応よりも，環境面で気になる子の対応の方が難しい」という悩みを聞いたことがある。被虐待児をはじめとする厳しい家庭環境の中を生きている子どもの中には，上の例のように保育場面においてさまざまなサインを出し，保育者はその対応に難しさを感じることも多い。お友だちにすぐ手を出したり，保育所のルールを守らず保育者の注意に反発したりすることも起こる。重要なことは，子どもたちの示す一見問題行動ともとれる行動の背景について保育者が思いをめぐらし，子どもたちの心の叫び，苦しみを理解しようとすることである。具体的には子どもに対して威圧したり大声で叱ったりするのではなく，「おだやかに声をかけ愛情豊かに接すること」を繰り返していくことが子どもの情緒の安定につながる。さらに必要がある場合は園と児童相談所，保健センター，市町村の福祉課，などの専門家や民生委員などの地域の方々と連携し，保護者をネットワークでサポートしていく。また保育者は子どもを支えるとともに，積極的に保護者への支援を行っていくことが重要である。

③ 特別な支援が必要な子どもを「包み込む」保育・教育

『どんなかんじかなあ』という絵本を紹介しよう。

どんなかんじかなあ
中山千夏 文，和田誠 絵
自由国民社，2005

ひろくんは，目の見えないお友だち，耳の聞こえないお友だち，地震で親を亡くしたお友だちの感じている世界を，「どんなかんじかなあ」と一生懸命考える。そのすばらしい結末は実際に絵本を読んでいただくことにしよう。ひろくんの心の使い方は，相手の立場や気持ちをリアルに想像し気づいたことを伝えていくという，「共感的理解」にほかならない。保育者を目指す皆さんが，ひろくんのような心で一人ひとりの子どもたちと接していくことができれば，さまざまな個性を持った子どもたちを

「包み込む」保育・教育が可能になるだろう。

　子どもたちの個性は一人ひとり違う。たとえば「マイペースな子」，「おこりんぼう」，「手先が不器用な子」，「気が散りやすい子」，「恥ずかしがりやさん」，「人前でお話しできない子」……。全ての子どもたちに，かけがえのない "いのちの輝き" がある。それぞれの子どもの「いいところ」を保育者が見つけ，子どもたちに伝えていくこと，保護者にも積極的に子どものいいところを伝えていくこと，その絶え間ない繰り返しを日々の保育・教育で行っていくことが，子どもたち同士の暖かな人間関係の形成につながっていく。

　最後に第4章でも述べているが，子どもたちは保育者のふるまいをしっかり見ている。保育者を目指す皆さんは実習を通して自分の子どもたちへのかかわり方を振り返り，学生生活を通して自分自身の心を見つめながら，暖かな子どもへのまなざしを持つとはどういうことか考え続けてほしい。

【引用文献】

■ 東田直樹『自閉症の僕が跳びはねる理由　会話のできない中学生がつづる内なる心』エスコアール，2007

■ 秋田喜代美・小西祐馬・菅原ますみ編著『貧困と保育　社会と福祉につなぎ，希望をつむぐ』かもがわ出版，2016

■ 厚生労働省「2019 年国民生活基礎調査の概要
https://www.mhlw.go.jp/toukei/saikin/hw/k-tyosa/k-tyosa19/index.html

■ 厚生労働省　平成 30 年度児童相談所での児童虐待相談対応件数〈速報値〉
https://www.mhlw.go.jp/content/11901000/000533886.pdf

■ 厚生労働省　知的障害児（者）基礎調査：調査の結果
https://www.mhlw.go.jp/toukei/list/101-1c.html

■ 文部科学省「幼稚園教育要領」2017

■ 厚生労働省「保育所保育指針」2017

【参考文献】

■ 伊丹昌一編著『インクルーシブ保育論』ミネルヴァ書房，2017

■ 中山千夏 文・和田誠 絵『どんなかんじかなあ』自由国民社，2005

■ 宮本信也他『改訂版　特別支援教育の基礎　確かな支援のできる教師・保育士になるために』東京書籍，2017

■ 森則夫・杉山登志郎・岩田泰秀編著『臨床家のための DSM － 5 虎の巻』日本評論社，2014

■ 無藤隆編著『「幼児期の終わりまでに育ってほしい姿」（10 の姿）と重要事項（プラス 5）を見える化！ 10 の姿プラス 5・実践解説書』ひかりのくに，2018

■ 汐見稔幸・無藤隆監修『〈平成 30 年度施行〉保育所保育指針　幼稚園教育要領・幼保連携型認定子ども園・教育保育要領　解説とポイント』ミネルヴァ書房，2018

■ 友田明美『新版　いやされない傷　児童虐待と傷ついていく脳』診断と治療社，2012

第8章【学びのふりかえり】

特別な支援を必要とする子どもについて，それぞれのケースに応じた保育者の援助と気をつけるべきポイントを
考えてみよう。

知的障害	
①保育者の援助	②気をつけるべきポイント

自閉スペクトラム症（発達障害）	
①保育者の援助	②気をつけるべきポイント

AD/HD（発達障害）	
①保育者の援助	②気をつけるべきポイント

外国籍の子ども，日本語の習得が難しい子ども	
①保育者の援助	②気をつけるべきポイント

貧困家庭の子ども	
①保育者の援助	②気をつけるべきポイント

第9章 子どもの家庭背景を踏まえた幼児教育・保育の視点

学びのポイント

● 時代の移り変わりとともに家族のあり方と保育のニーズがどう変わったかを知る。

● 現代の子育て家庭が抱える課題をとらえ，子どもの育ちへの影響について理解する。

● 子ども家庭支援の重要性をふまえ，保育者と保護者との関係性について考えを深める。

保育者（幼稚園教諭・保育士・保育教諭）は，家庭外の保育施設（以降，園と表記する）という空間で，子どもの育ちに介入する。当然，子どもが園でみせる姿には，子どもの家庭背景が大きく影響している。子ども一人ひとりの理解（幼児理解）が保育の出発点である（第7章参照）ことをふまえれば，子ども一人ひとりの家庭環境を知ることは，保育者にとって大変重要である。

また，保育者には，「子育て支援」が求められている。保護者の子育て上の悩みや不安は，家庭によってさまざまであろう。しかし，社会全体を見わたす広い視野を持つことは，保育者が個別の家庭を理解するうえで役立つことであろう。

本章では，日本の家庭を取り巻く状況について知ることを目的とする。その知識に基づいて，保育者として子どもの家庭背景を理解し，子育て支援を実践するための視点を身につけることを目指したい。

1 家庭の多様性

社会学者の落合恵美子は，家族のあり方を論じる際には，「世代」を考慮しなければならないと述べている（2004, 序文 xiii）。時代によって，家族がどんなメンバーで構成されているか（家族の形態），家族に対してどのようなイメージをもっているか（家族の意識），どのような家族のあり方が望ましいとされているか（家族の規範）などが異なるためである。家族の実態は，たえず変化し続けている。そこで，まず「現在地点」を把握しておきたい。

家族社会学を専門とする筒井淳也は，1960 ～ 1970 年代は，ほとんどの人が結婚していた「皆婚社会」だったとしている。この時代の家族は，「稼ぎ手」がもっぱら夫であり，専業主婦がそれを支えるというかたちが一般的であり，これを【近代家族】と呼んでいる。近代家族は，家族のひとつの典型的なかたちだった。アニメ「ドラえもん」の野比家や，「クレヨンしんちゃん」の野原家は，近代家族である（核家族・稼ぎ手の夫＋専業主婦）。

1960 ～ 70 年代 【近代家族】	稼ぎ手の夫　＋　専業主婦
現在 【多様化の時代】	共働き夫婦，シングル子育て家庭，単身者

図9−1　時代の変遷にともなう家族のあり方の変容

　そして筒井によれば，その後徐々に【多様化の時代】に移行してきている（筒井，2016，p.87 − 90）（図9−1）。多様化の背景のひとつとして考えられるのは，女性の社会進出が進み，女性としての生き方の選択肢が広がったことが挙げられる。私たち一人ひとりの価値観も多様化し，もはや「結婚して家に入ることが女性の幸せ」という考えは，たくさんの考え方のうちのひとつに過ぎなくなりつつあるといえる。「働く女性」が増えることは，共働き夫婦が増えることである。少しずつ専業主婦が少なくなり，近代家族と呼ばれる家族のかたちが変わりつつある。

　家族の多様化は，単に共働き夫婦の増加だけを指すのではない。社会全体を見渡せば，それ以外の不安定な家族（シングル子育て家庭）や，単身者の増加がもたらされている。筒井は，多様化の実態は女性の経済的な自立や自由の達成とはほど遠い状況になっている，と説明している。近年の幼稚園数の減少傾向は，「共働き社会化」による影響を示すものである。しかしそれは，女性の自由な選択による労働への積極的な参加ではなく，「共働きせざるを得ない」家庭や，シングル子育てのため「働かざるを得ない」家庭が増加していることを，同時に示している。

　これら家族の多様化により，「保育が必要な子ども」が増加することは当然である。そして，子どもが園ですごす時間が長くなるため，子どもの育ちにとって保育者の役割は，より重要となる。家で保護者と接する時間より，園で保育者と接する時間の方が長くなっている子どもも多い。

　家庭で保護者により保育される時間が短くなることについて，「子どもがかわいそうなのではないか」「発育・発達に悪影響があるのではないか」と心配する向きもあるかもしれない。しかし，現在の研究では，「良い保育園を見つけることができれば，お母さんが働くことによる子どもの発達に悪影響はない」ことがわかっている（山口慎太郎，2019，p.129）。とはいえ，家庭で子どもが保護者とすごす時間が充実するように，保育者としては援助の方法を考える必要があるだろう。

② 子どもの育ちに対する家庭の影響

1）家庭は「劣化」したのだろうか？

　いたましい「虐待死」の報道を耳にすると，私たちは，そんなひどい親がいるのかと憤りを感じる。センセーショナルな報道に接するたびに，現在の親は「劣化」しているかのような印象をもつ人も多いかもしれない。

　文部科学省は，「家庭の教育力の低下」という表現を用いて，家庭における教育のあり方に警鐘を鳴らし続けてきた。しかし，教育社会学者の広田照幸は，家庭の教育力の低下というイメージとは反対に，「親たちは以前よりも熱心にわが子の教育に取り組むようになってきている」ことを明らかにしている（広田，1999，p.180 − 182）。したがって現在の親が劣化したのではなく，親が教育熱心であるがゆえに生じる問題が増えてきており，問題の質が変わってきていることと推察される。

　社会全体としては，地域社会の変容，ライフスタイルの変容，少子化による子どもの減少などの要因により，子どもの教育における家庭の重要性は高くなってきている。そもそも，どのような保育施設を選択するかは，保護者が判断し，決定する。その選択には，保護者の子育てや教育観があらわれる。また広田の述べる通り，現在では，家庭こそが子どもの教育の責任を担うべきだ，との考えが支配的である。

　その結果，現在は親にかかる子育ての負担が，肉体的・精神的両面において過重になってきている。2016（平成 28）年に放送された『NHK スペシャル　ママたちが非常事態⁉』（図９−２）では，母親一人に大きな負担がかかる日本の子育てが，いかに「不自然」な姿であるかが描かれている。そのような孤立した状態での子育てにおいて，不安や悩みを抱えることは当然である，というメッセージは大きな反響を呼んだという。

　この特集の中で示された子育てのあり方は**「共同養育」**というものである。共同養育とは要するに，一人の子どもの子育てに，家族・親族にとどまらない，多くの大人がかかわりながら子育てするあり方のことである。

　これは核家族を中心とする，現代の家庭を取り巻く環境を考えれば，現実的に不可能かもしれない。しかし，子どもの成長過程にとっては，親以外の大人がかかわることが大きな意味を持っている。地域のつながりが強かった時代にように，保護者以外の大人が子どもの育ちにかかわる機会は減少している。そんな中，

図９−２　NHKDVD『NHK スペシャル
ママたちが非常事態！？』
発行・販売元：NHK エンタープライズ

表9－1　親子コミュニケーションの実態

	肯定的・応援	否定・禁止
専門職の家庭の子ども	16万6,000回	2万6,000回
労働者層の家庭の子ども	6万2,000回	3万6,000回
生活保護世帯の子ども	2万6,000回	5万7,000回

資料）ダナ・サスキンド『3000万語の格差』p.47を基に著者作成

保育者は保護者にとって唯一の子育てのパートナーである場合も少なくない。現代の子どもにとって，保護者と保育者のパートナーシップはたいへん重要であり，両者の良好なパートナーシップから子どもが得る利益は大きい。

２）家庭におけるコミュニケーション格差

　ダナ・サスキンドの著書『3000万語の格差』には，就学前の子どもの，家庭での保護者とのコミュニケーションを記録し，分析した研究の成果がまとめられている（サスキンド，2018）。

　その成果のひとつは，子どもにとっての親とのコミュニケーションの量と質が，学力をはじめとする子どものスキルの格差を生む要因になっている，という知見である。表9－1は，「いい子だ」「その通り」と肯定的な言葉をかけられる回数と，「ダメな子」「間違っている」と否定的な言葉をかけられる回数とを1年間で比べたものである（サスキンド 2018：47）。まず，表の中の「（保護者が）専門職の家庭の子ども」と，「生活保護世帯の子ども」のコミュニケーションの量を比べると，「（保護者が）専門職家庭の子ども」の方が，コミュニケーションの絶対量が多いことがわかる。加えて，肯定的な言葉をかけられる機会が多く，否定的な言葉をかけられる回数が少ないことがわかる。このようなコミュニケーションの積み重ねにより，「（保護者が）専門職の家庭の子ども」は，思考力や，自分に対する自信を獲得するチャンスに恵まれる。こうして，子どもがどのような家庭に生まれたかにより，家庭間の格差が生じているのが現状である。

　同様の研究はほかにもあり，たとえば発達心理学者の内田伸子の研究グループは，家庭でのしつけを「共有型しつけ」「強制型しつけ」「自己犠牲型しつけ」と類型化し，親が子どもとのふれあいを重視し，子どもと体験を共有しようとする「共有型しつけ」によって子育てした子どもほど，子どものリテラシー（読み書きの力）や語彙力が高くなる傾向にあることを明らかにしている（内田ほか，2012）。

　よく知られている事実に，「親の所得が高い家庭の子どもほど，学力・学歴が高い」というものがある。これは，親の所得と子どもの学力・学歴が「相関関係

にある」ことを示しており，「因果関係」を説明したものではない。しかしこの言説が誤って理解されると，親の経済力が子どもの学力や学歴を左右するかのように受け止められる危険がある。そうなれば，「うちは貧しいから自分はだめだ」と子どもが自分の将来に明るい見通しをもつことができなくなってしまう。そのことは，学力などのスキルの獲得にマイナスに作用する。しかしここで紹介した研究は，子どもに影響を与えるのはお金（親の経済力）ではなく，親の子育てに対する態度や信念であることを明らかにしている。

　子育てのスタイルの違いを，教育社会学者の松岡亮二は「意図的養育」と「放任的養育」と表現している(松岡, 2019)。そしてこのスタイルの違いは，総じて「社会階層」の違いによって説明できるという。ここでいう社会階層とは，親の学歴や収入の高低，専門職か非専門職か，といった指標で示されるものである。

　親の学歴が高く，収入が高い家庭ほど，「意図的養育」を行う。「意図的養育」とは，子どもの能力は放っておいても開花せず，意図的・計画的な介入によって子どもの能力を伸ばそうとする「プロのスポーツコーチのような子育てスタイル」である。具体的には，**表9−2**のような子育て実践としてあらわれる。

　それに対して「放任的養育」には，大人の介入がなくても自然に子どもは育つという信念がある。この子育てスタイルの違いが結果的に，子どもにさまざまな

表9−2　意図的養育 v.s. 放任的養育（松岡　2019：87−88）

意図的養育	放任的養育
認知力・社会性の発達を意図した介入行為	放っておいても子供は育つという信念　に基づいた子育てスタイル
①日常生活の構造化 ―習い事参加 ―テレビ視聴時間の制限 ②大人との議論・交渉の奨励 ―論理的な言語 ―豊富な語彙 ③学校などとの交渉 ―子供に便宜を図る	①日常生活は構造化されない ―自由な時間が多い ―近所の友人や親せきと遊ぶ ―テレビ視聴も制限されない ②親は命令口調が多く，言語的な内容伝達は最低限に留まり，大人に対して質問・交渉することは期待されていない ③親戚とは強い繋がりを持つが，学校などの「制度」との関係は限られる。親自身の教育歴（低学歴）から学校教育について無力感と落胆と抱いていて，学習については専門家である教師の仕事と捉えている
⇒子どもは，教師や医師のような社会的立場のある大人相手であっても臆さず交渉し，自分の要求を叶えようとする特権意識を持つようになる	⇒子どもは，大人に対して自分の要求を伝えることに躊躇し，教員など権威に　従う制約感覚を持つようになる

格差をもたらす。さらに，このようにして生じた家庭間格差は，長期にわたって継続する傾向にあることがわかっている。松岡によれば，就学前についた格差は，長い将来にわたって継続する。たとえば，学歴などの教育達成や，将来の職業にまで影響することがわかっている（松岡，2019，p.254）。

❸ 子ども家庭支援の重要性

これらを踏まえて，保育者が持つべき子ども家庭支援の視点について，重要と考えられる点を 2 点述べたい。なお，これから述べるのは，「子育て支援」「相談援助」の具体的な技法などではなく，上の議論を踏まえたうえで，著者が提起するものである。

第一に，**「家庭からの不利益から子どもを守るという視点」**である。

親から「おまえはだめだ」と否定的な言葉を投げかけられ続けることは，子どもの自尊心を傷つけ，自分の価値を認めたり，自信を喪失する経験となる。自信は，新しい物事に挑戦する際の原動力になる。しかし，自分に自信を持つことができない子どもは，新しい挑戦に対して臆病になり，さまざまなことに積極的に挑戦できる子どもに比べて，経験できることが限られてしまう。その差が，獲得できるスキルの差になってしまう。

表9－3は，子どもの自尊感情を育むための，子どもにとっての肯定的なできごとと否定的なできごととを対比したものである（古荘ほか，2015）。保育者は，子どもができるだけ多く「肯定的な出来事」を経験できるよう，子どもたちの経験をアレンジし，環境を整える必要がある。

表9－3　子どもにとって肯定的／否定的な出来事（古荘ほか，2015）

肯定的（能動的）な出来事	否定的（受動的）な出来事
ほめられる	叱られ方，からかわれる
ニーズに応じた教え方	曖昧な教え方
絶対評価	他人と比較される（相対評価）
話を聞いてもらう	一方的に指示される
適切な役割を持つ	無視される，邪魔者扱い
居場所が確保される	居場所がない
正しいことを教えてもらう	疑問形で反省させられる
選択肢の中から選ぶ	選択肢がない

　この表で注目したいのは，「一方的に指示される」「選択肢がない」といったことが「否定的な出来事」として挙げられている点である。子どもに選択肢がない，設定保育型の一斉保育ばかりでは，子どもにとって利益にならないのではないか，という視点で保育を振り返ってみる必要があるだろう。

　第二に，**「保護者とパートナー関係を築き，ともに育つという視点」**である。専門的知識を学んだ保育者として，保護者とのパートナー関係をつくっていく必要がある。しかし，「上から目線」で保護者に知識を教授するというのではなく，子どもの成長を喜び合う「共同養育者」としてのパートナー関係が必要である。

　その中で，「子どもと保護者のコミュニケーションを促進する」「保護者に望ましい子育ての方法を提案する」などを意識しつつ，必要であれば保護者の行動変容を促すような働きかけができることが望ましい。

　保護者・家庭との関係は，「保護者の悩みを聞いてあげる」程度の意味に解釈されるのでは不十分である。保育を常によりよいものにアップデートし続けていくためにも，保護者の理解は必要である。何の説明もなく，ある年に突然，恒例行事である運動会を止めたら，クレームになるだろう。そうではなく，「行事の練習で子どもにかかるストレスを緩和したり，毎日の保育者と子どものやりとりを丁寧なものにするには行事の縮小が必要」と保護者に語りつつ，より良い保育についてのビジョンを共有しようとする努力によって，徐々に保育は変わることができる。

　保護者と保育者が手をたずさえ，子どもとともに育っていけるような〈ほんとうの〉信頼関係を形成できるかどうかが，今後の保育現場にとっての大きな課題となるだろう。

【参考文献】

- 広田照幸『日本人のしつけは衰退したか―「教育する家族」のゆくえ』講談社，1999
- 古荘純一・磯崎祐介『教育虐待・教育ネグレクト―日本の教育システムと親が抱える問題』光文社，2015
- 松岡亮二『教育格差』筑摩書房，2019
- 落合美恵子『21世紀家族へ―［第4版］』有斐閣，2019
- ダナ・サスキンド（掛札逸美 訳，高山静子 解説）『3000万語の格差　赤ちゃんの脳をつくる，親と保育者の話しかけ』明石書店，2018
- 筒井淳也『結婚と家族のこれから　共働き社会の限界』光文社，2016
- 内田伸子・浜野隆『世界の子育て格差　貧困は越えられるか』金子書房，2012
- 山口慎太郎『「家族の幸せ」の経済学　データ分析でわかった結婚，出産，子育ての真実』光文社，2019

第9章【学びのふりかえり】

次の５つの問いに答えてみよう。

① 近代家族から多様化の時代に移ることで，なぜ「保育が必要な子ども」が増えるのか記してみよう。

②「共同養育」とは何か。そして「共同養育」において保育者がはたすべき役割を記してみよう。
・「共同養育」の定義：
・「共同養育」で保育者が果たすべき役割：

③ サスキンドの研究における各家庭での子どもとのコミュニケーションの特徴をあげてみよう。
・専門職の家庭：
・労働者層の家庭：
・生活保護世帯：

④ 保育者にとって重要な視点①「家庭からの不利益から子どもを守る視点」を記してみよう。

⑤ 保育者にとって重要な視点②「保護者とパートナー関係を築き，ともに育つという視点」を記してみよう。

幼児教育・保育と小学校との接続の課題 ―人間関係の視点から

　就学前段階と小学校段階との接続が教育課題としてクローズアップされる背景には，小学校への移行がうまくいかず，そのことで不利益を受ける子どもがいるという現実がある。これは日本に限った話ではなく，多くの先進国でも同様である。

　小学校1・2年生には，「生活科」という教科がある。この科目では，体験的な学習が行われる。これは，直接的・具体的な体験によって学ぶ就学前段階を経た子どもたちが，授業中心の小学校のカリキュラムにスムーズに移行できるように，比較的新しく設置された科目である。小学校への移行でつまずくことは，その後の学校経験全体に対する悪影響を生じるとされており，小学校との接続への関心は高まりつつある。

　保育現場でも，年長組になると小学校への就学を意識せざるを得なくなる。それでは，どのような経験を準備すべきだろうか。本章では，その基本的な考え方を理解し，具体的な実践について考えてみたい。

① 小学校移行の考え方

1）問題をとらえる視点

　日本では，小学校入学後の1年生の教室で「学級崩壊」が生じる「小1プロブレム」という言葉が人口に膾炙したため，子どもの小学校への移行に関する問題を，小1プロブレムの解消ととらえる傾向がある（加藤ほか，2011）。しかし，このような見方には，問題がある。

　小1プロブレムという言葉は，1990（平成2）年頃に用いられ始めた言葉であり，ここ30年ほどの，比較的新しい問題として流通してきた経緯がある。しかし，実際に子どもが授業を聞かない，授業が成立しないといった記録は，大正時代にまでさかのぼることができる。したがって，小1プロブレム自体は，実は日本の学校教育成立以来の古い問題なのである。にもかかわらず，ある時期以降

の問題として語られることで,「子どもが変わってしまった」ために生じた問題であると認識され,この問題が子どものせいであるかのような誤解を生じさせてしまう。同時に,学校という制度自体がもつ問題は見えにくくなってしまう。

　小学校入学後に,いいスタートを切ってほしいという保育・教育関係者の考え自体が間違っているわけではない。しかし,子どもを頑張らせることのみを通して,達成すべき課題ではないということである。

　欧米では,小学校移行に関し,次のような問題の設定がなされている(Fabian & Domlop, 2006)。

○小学校のスタートが,幼少期における最も重要な移行(transition)である。
○社会的・知的な最初の成功が,学業達成の有効なサイクルへとつながり,学校環境への適応と将来にわたって前進できるかどうかを決める決定的な要因(critical factor)となりうる。
○子どもの最初期の成功感が,その後の経験に作用する,長期にわたる影響(longer term impact)となりうる。

　先進諸国においても,子どもの小学校への移行は重要視されている。しかしそれは,「小1プロブレム」の解消のためではなく,小学校への移行が,子どもの将来にとってとても重要だからである。したがってこの問題には,小学校側の視点,保育の視点をすり合わせつつ,現行の制度や教育方法を,どのように子どもの育ちに合わせていくかという視点も必要となる。

2) 個別の学びを受け止め,伸ばすという課題

　小学校の立場から考えると,入学してくる子どものほとんどは,子どもたちが施設型保育(幼稚園・保育所・認定こども園)を経験している。未就園児がいることも考えると,小学校側が受け入れる子どもたちは,就学前の経験が一人ひとり異なる。このような多様な経験を背負った子どもたちを円滑に接続することを考えると,小学校側は,「小学校のやり方はこうです」と,全員に対して画一的に適応を強いる方が合理的であるともいえる。

　しかし,それがいくら小学校にとって合理的であったとしても,理想とされる考え方は,それとは違う。中央教育審議会で,2018(平成30)年の学習指導要領改訂にかかわった教育学者の奈須正裕は,以下のように述べている。

…旧来の小学校的なやり方に順応させるべく,木に竹を接ぐような特別な訓練や準備をするのではなく,幼児期までに培われた育ちを大切に受け止め,それをゆっくりと,しかし着実に,各教科等の学びへと発展させていくわけです。入学式の翌日に「小学校は幼稚園までとは違います」と宣言し,「手はお膝」「お口チャック」「手を挙げて,先生に当てられたら発言していいです」といった,まったくの教師の都合に過ぎない規律訓練を幼小接続だと考えて

きた不幸な時代は，ようやく終焉の時を迎えるのです。(奈須，2017，p.54)

　ここでのポイントは，①小学校は，子どもたち一人ひとりの幼児期の経験を受け止めるべきこと，②一人ひとりのそれまでの学びを基本に，小学校の学びへと接続していくべきこと，③画一的なルールや規範の押し付けは望ましくないこと，が挙げられる❶。

❶ 幼稚園教育要領では，「発達や学びの連続性」があるため，円滑な移行が必要であるとされる。

　小学校の側には，子どもたちの学びの経験の多様性を理解し，一人ひとりの子どもの姿に応じて，小学校の学びへと接続していく態度が求められる。これは大変な労力を要することだが，小学校との円滑な接続を重視するならば，「1年生の受け入れ」に高い優先順位を置き，1年生の教育に係る資源を手厚く割くべきであるといえる。

　筆者が，個人的に行った保育者や小学校教師への聞き取りでは，1年生の受け入れに対する小学校側の問題意識は必ずしも高くない印象をもっている。しかし先ほども述べた通り，小学校への移行は子どもの学校経験全体に長期にわたって悪影響を及ぼす可能性があり，より高い注意を払うべき問題である。

❷ 保育現場における実践を考える

1）「小学校の先取り」をしない連携のあり方

　「幼稚園教育要領解説」では，子どもたちの小学校への円滑な移行は，「小学校教育の先取りをすることではなく，就学前までの幼児期にふさわしい教育を行うことが最も肝心なことである」とされている。「小学校の先取りをしない」という点がポイントであり，小学校との接続の問題を考えるにあたって，保育者にとって最も重要な考え方である。

　この考え方の背景には，確固たる根拠がある。たとえばOECD（経済協力開発機構）は，以下のように指摘している。

　…近年の神経学，発達心理学，学習科学などが示しているのは，学校環境の側が，より発達年齢に適したものであるべきである，ということである。このことは，質の高い乳幼児期の教育を受けた子どもたちの利益が持続し，その利益を守ることができるよう，小学校に改革が要求されているということを示唆している。(OECD，2017，p.253)

　要するに，6～7歳で就学する子どもたちに，従来の学校環境の側が適しておらず，したがって学校環境の側が，子どもたちの発達年齢に合わせて変わるべきである，ということを指摘している。学校側が変わるべき，という立場が科学的な見地から提案されているのである。

表10－1　「幼稚園教育要領解説」における小学校への円滑な移行のための具体的実践

幼稚園修了時期の保育内容	皆と一緒に教師の話を聞く，行動する，決まりを守る
小学校教師との連携	小学校の教師との意見交換や合同の研修会，保育参観や授業参観などを通じて連携を図る。その際「幼児期の終わりまでに育ってほしい姿」を共有して意見交換を行う。
子ども同士の交流	幼児と児童の交流の機会を設け，連携を図る。幼児が小学校の活動に参加するなどの交流活動

　施設型保育の現場においては，5歳児（年長）になると小学校入学が意識され，多くの保育者は「子どもたちが小学校で困らないように」という発想から，「小学校への準備」を保育の中に取り入れていると考えられる。

　「幼稚園教育要領解説」では，表10－1の通り，「幼稚園修了時の保育内容」「小学校教師との連携」「子ども同士の交流」についての具体的な提案がなされている。これらを参考にしつつ，保育の中で子どもだけに就学の準備を強いるのではなく，保育者自身が小学校での教育を学び，小学校教師との連携を図ることが求められる。

2）先生という存在への信頼感の形成

　たとえば，「いすに座る練習」をする，という実践について考えてみたい。数十分の間いすに座って行う活動を，小学校への移行を意識した実践として，保育の中で行うことにはどのような効果が考え得るだろうか。これは，保育内容を一部「学校化」することで，子どもに準備を強いる実践であるといえる。

　しかし，いくつかの疑問が浮かぶ。「いすに座って授業に参加する」ことが目指されるべき姿なのだろうか。また，その立場をとったとしても，いすに座る練習によって，子どもたちに身につくものは，いったい何なのだろうか。授業中にいすにすわっておく姿勢を保持するための筋力や，我慢づよさの問題なのだろうか。

　そもそも学級崩壊による授業の不成立は，「子どもにいすに座っていられる力があるかどうか」ではなく，小学校教師と子どもとの間の信頼関係が築かれていないことに起因する問題ではないだろうか。

　したがって就学前の段階では，「先生」と呼ばれる存在に対する信頼感を培うことが必要となる。「幼稚園教育要領解説」では，「幼稚園教育の基本に関連して重視する事項」において，幼児期にふさわしい生活のひとつとして「教師との信頼関係に支えられた生活」を挙げている。これは，当然保育所や認定こども園においても，同様のことが当てはまる。

　発達心理学者の遠藤利彦は，愛着理論を保育者に応用し，親子関係のような「二者関係に関連した敏感性」は，集団の中では限界があるので，重要となるのは，「集

団生活に関連した敏感性」であると述べ，子どもたち同士で楽しく遊べること，安全に生活できることをしっかりと配慮し，支えてくれる保育者に，子どもは信頼を寄せること，子どもも保育者に親と同じ役割やケアを求めてはいないと述べている（遠藤，2017）。集団生活の中でも，先生が自分に関心を寄せてくれる存在であること，安心できる環境を提供してくれる存在であるという信頼感を形成しておくことは，小学校における教師との関係性に好影響を及ぼすのではないだろうか。

　また，保育者が小学校教師と連携を深めることで，小学校教師に対し支援的な役割を果たすことができると考えられる。以下は，筆者が実際に立ち会った事例である。

事例

　福岡県のある校区は，小学校区に，3 つの保育園・幼稚園があり，毎年 2 回，小学校教師と保育者との合同勉強会が行われる。年に 1 回は，勉強会の後，懇親会（飲み会）が行われている。懇親会の席上，5 年生の担任教師が「A が，最近問題行動がある」ことを A の出身保育園の保育者に告げた。保育者は，「そうですか。A ちゃんは保育園のときから，お母さんが夜のお仕事で，寝るときは妹と二人で毎晩手をつないで寝ていた。そういう寂しさをずっと抱えてがんばってきた子なんですよ」と語り，それを聞いた担任教師は，初めて知った A の背景に嘆息し，「そうですか…」と答え，考え込む様子を見せた。

　この事例は，非都市圏の校区の話であり，都市部でこのような緊密な連携は難しい可能性が高い。しかしこの事例からは重要な示唆を引き出すことができる。

　このとき A の担任教師が考え込む様子をみせた様子は，A の幼少期の生活を初めて知ることで，A に対する理解を深め，日常的な A とのかかわりを内省していたように受け取られた。担任教師が A に対するかかわりを見直すことで，A の問題行動に改善の兆しが生じる第一歩になるかもしれない。これは，小学校教師と保育者との連携が，小学校での子どもの生活に対し，支援的に機能する可能性が示されている。

　このように，子どもに準備を強いる以外にも，保育者にできることはまだある。地域や，校区や，子どもたちの実情に合わせ，それぞれの保育現場が，小学校とともに知恵をしぼり，実践を編み出していく余地があると考えられる。

3）子ども同士の関係

　文部科学省は，毎年学校における問題行動・不登校等について調査を行っている。2020（令和 2）年の調査では，いじめの認知件数は過去最多を更新しており，特に小学校で増加傾向にある（文部科学省 2020）。次ページの**図 10－1**は，文部科学省が同年に発表した学年別のいじめ認知件数である。特に近年の傾向とし

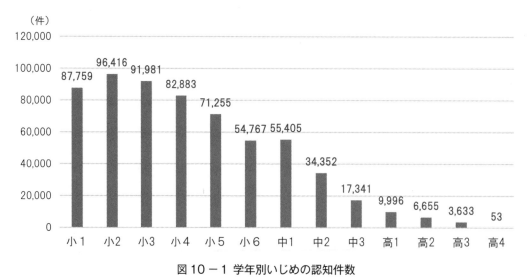

図 10−1 学年別いじめの認知件数

資料）文部科学省「令和元年度 児童生徒の問題行動・不登校等生徒指導上の諸課題に関する調査結果について」2020

て，低学年のいじめ認知件数の増加が著しい。

　「幼稚園教育要領解説」では，「友達と十分に関わって展開する生活」を，幼児期にふさわしい生活のひとつに挙げている。これは，第6章ですでに述べたように，無理やり全員が仲良くすることを強制したりすることではない。子ども同士の関係のなかで，友だちとかかわることのよさに気づき，しっかりと友達に対して自己表現でき，友だちとの葛藤を暴力によってではなく，対話によって解決するなどの経験を通して，他者との関係のなかで自律性が育まれると考えられる。そしてこのような経験には，保育者の支援が不可欠である。

　ケンカが起きたときに，「あなたが悪い」と一方的に断罪したり，一方に「ごめん」と謝罪させ，謝罪を受けた側は「いいよ」と返すような定型的なやりとりをルール化するような指導は不適切である。また，「見守る」という名目で，子ども同士のやりとりを見ているだけでも不十分である。ケンカはどちらが（誰が）悪いかを特定することが重要なのではなく，当事者たちが，関係の修復に向けて話し合い，解決に向けて合意形成していく過程を経験することこそが重要であると考えられる。そのために保育者は，子どもたちの心情を受容し，子どもたちの直面する状況に応じて，言葉による表現の仕方を教えることや，葛藤状態を回避し得たであろう選択肢を示すことなどの介入をする必要がある。加えて，集団の「空気」に流されることなく，他者の心身に危害を加えることを自己抑制するなど，自律的に善悪の判断ができるようになることを支援するようなかかわりが求められるといえる。

【参考文献】

■ 遠藤利彦『赤ちゃんの発達とアタッチメント―乳児保育で大切にしたいこと』ひとなる書房，2017

■ Fabian, H. & Dunlop, A-W., Outcomes of good practice in transition process for children entering primary school. Background paper prepared for the Education for All Global Monitoring Report 2007 Strong Foundations: early childhood care and education UNESCO, 2006

■ 加藤美帆ほか「幼稚園・保育所・小学校連携の課題とは何か」『お茶の水女子大学人文科学研究』第7巻，pp.87-98，2011

■ 文部科学省「令和元年度 児童生徒の問題行動・不登校等生徒指導上の諸課題に関する調査結果について」2020

■ 奈須正裕『「資質・能力」と学びのメカニズム』東洋館出版社，2017

■ OECD, 'Policy Pointers to Improve Transitions from Early Childhood Education and Care to Primary School'（chapter6）：Starting Strong Ⅴ Transitions from Early Childhood Education and Care to Primary Education，2017

第10章【学びのふりかえり】

次の4つの問いに答えてみよう。

① 「小1プロブレム」という問題のとらえ方が不十分な理由を考えてみよう。

② 2018（平成30）年の中央教育審議会で答申された幼小接続のポイントを3つ書き出してみよう。
1：
2：
3：

③ 「幼稚園教育要領解説」が提案する，幼小接続に関する幼稚園教諭の連携について，各項目の内容を記してみよう。
幼稚園修了時期の保育内容：
小学校教師との連携：
子ども同士の交流：

④ 幼児教育・保育の現場で子ども同士の対立に際して保育者がすべき適切なかかわりは何かを考えて，複数記してみよう。
・
・
・

第11章 幼児教育・保育における 性をめぐる課題

学びのポイント

● 幼児教育・保育における性の学びの現状と，保育所保育指針等の解説を知る。
● 現代社会におけるジェンダー意識と，保育者に求められる適切な態度を学ぶ。
● 「包括的性教育」の内容を理解して子どもとの対話の重要性について考察する。

1 保育所保育指針における性

　子どもたちは，いつのころからか「男の子」「女の子」がいることを自然なこととして認識するようになる。保育現場でも，次第に仲の良い男の子・女の子の「同性」グループがつくられることを，私たちは経験的に知っている。子どもたちは，発達の過程で，人々が男／女という2つのグループに分けられること，同性と仲良く遊ぶことが当然のことであることをどこかで学習していると考えられる。

　社会学者の浅井春夫は，日本の「保育・子育ての中の性の学びは必要な課題として認識されてこなかった」と指摘している。そしてその背景として，①「寝た子を起こす」論❶という事実誤認の情報が政策的に発信されてきた歴史があること，②保育学，保育・幼児教育における性的発達・セクシュアリティ（その人らしい性のあり方）に関する研究の欠如の2点を挙げている（浅井，2020，p.98）。要するに，これまで日本では，研究者を含む幼児教育・保育関係者は子どもたちの性の問題に注意を払ってこなかったということであり，今後議論を深めていかなければならない問題だということが指摘されている。

❶ 子どもが性に関する情報に触れることで，性に関心を持ち，問題行動につながるため，性に関する話題から子どもを遠ざけておこうとする立場や考え方であると考えられる。

　それでは，保育所保育指針では，どのように記述されているのだろうか。第2章には，以下のような記述がある。

> 第2章　保育の内容
> 　4 保育の実施に関して留意すべき事項
> （1）保育全般に関わる配慮事項
> カ 子どもの性差や個人差にも留意しつつ，性別などによる固定的な意識を植え付けることがないようにすること。

　「性別などによる固定的な意識を植え付ける」とは，「男の子（女の子）なんだから○○しなさい（するな）」という，保育者が持っている性別に関連するイメー

ジ（ジェンダー意識）を押しつけないことである。ジェンダーは，生物学的な性と区別されるものであり，社会の中である性別が与えられている役割やイメージに基づいて構成される「社会的な性」とでもいうべきものである。しかしこのジェンダーに関する意識が押しつけられるとき，子ども個人の自由を抑圧することになるため，注意を払う必要がある。

この項目に関連して「保育所保育指針解説」では，より具体的に，保育者に以下の内容を求めている。

① 子どもの性差や個人差を踏まえて環境を整える

② 一人一人の子どもの行動を狭めたり，子どもが差別感を味わったりすることがないよう十分に配慮する

③ 子どもが将来，性差や個人差などにより人を差別したり，偏見をもったりすることがないよう，人権に配慮した保育を心がける

④自らが自己の価値観や言動を省察していく

子どもたちの視点からは，ジェンダー意識の押しつけが，子どもの自由を抑圧する可能性があること，また誤ったジェンダー意識を子どもが学習し，性に対する偏見を持たないことなどが挙げられている。そして，性の問題が人権にかかわる問題であることが示されている。しかし，「性差や個人差を踏まえて環境を整える」ことが具体的にどのようなことを指すのかの具体的なアイデアは書かれていない。浅井が指摘した通り，日本の保育現場に子どもの性に関する知識や教育の方法が蓄積されていないのだとすれば，この点は明確に示しておく必要がある。

② 性の多様性

ジェンダー意識の押しつけが批判されるべき根拠は，それが個人の人権を侵害する契機を含むためである。重要なことは，性とは「異性愛規範（男は女（女は男を）を好きになるべき）」を前提とする「男／女」という2つのグループから成るものではなく，**表11−1**に示す要素（SOGI／SOGIE❶）の組み合わせから成り，一人ひとりの個人差であるとされている（眞野，2020）。つまり，人々を「男か女か」という2グループに分けること自体に無理があり，そのグループ分け自体を苦痛とする人々が多く存在している，という事実を知る必要がある。そして，それぞれの性のあり方が認められることは，個人の人権を尊重することであり，からかいや嘲笑の対象となってはならない。

ジェンダー研究者の眞野豊は，保育者に求められることを以下の通り挙げている（眞野，2020）。ジェンダー規範（男の子／女の子はこうあるべき）や異性愛規範を子どもたちに押し付けないこと，ジェンダー規範に沿った行動をとる子どもに対し肯定的な評価を与えたり，反対に，ジェンダー規範に反する行動をとる子どもに対して否定的な評価を与えたりしないことなどである。また，より具体

❶ SOGI は「性的指向（Sexual Orientation）」と「性自認（Gender Identity）」のアルファベット頭文字の組み合わせ。SOGI に「性表現（Gender Expression）」を加えたのが SOGIE で，いずれも全ての人が権利として持つ性的属性を表している。

表11－1　性を構成する代表的な要素

要　素	概　要
性的指向 Sexual Orientation	ある人がどういった人や物に性的な欲求を抱くかを表す概念。異性愛，同性愛，両性愛などの他に，性的欲求の対象をもたない無性愛などの性的指向もある。
性自認 Gender Identity	性別に対する自己の認識。「性同一性」ともいう。身体の性と性自認が一致する場合をシスジェンダー，違和感を抱く場合をトランスジェンダーという。男女どちらの性別にも当てはまらないXジェンダーなどの立場もある。
性表現 Gender Expression	服装や言葉遣い，振舞い方等で表現される性的な特徴。周囲の人から見た性別の特徴でもある。
身体の性 Sex	身体的特徴から判断される性別。生まれた時に性器の形で判別されることが多い。

出典）眞野（2020）より抜粋

的な提言として「不必要な男女分けをしないこと」を提言している。

　性の問題に関しても，子ども個人に個性があることを知り，その主体としての姿を受け止める・受容するという幼児教育・保育の基本を徹底することが重要ということができる。

③ 「隠れたメッセージ」への配慮

　ジェンダー意識（性別に対する固定的なイメージ）は，日常生活の中に私たちが気づきにくい形で隠れているため，保育現場でも注意が必要である。美術史家の若桑みどりは，「白雪姫」「シンデレラ」などの「お姫様童話」の中のジェンダー規範について，批判的に検討している。お姫様は従順で美しく，無力で受動的であるにもかかわらず，最後は幸せな結婚を果たす。そのようなパターン化された童話に触れることを通して，子どもたちは「女性は美しいことに価値がある」「女性は無力で受動的でも幸せになる」というメッセージを受け取ってしまうという指摘である（若桑，2003）。

　こうして幼いときからから聞いたお姫様童話によって，「美しさと従順さがあれば，王子が来てくれて幸せな結婚ができる」「女子はかわいらしく弱く，誰かに守ってもらう」ことをよしとする態度が形成される可能性がある。心理学者のコレット・ダウリングは，これらの過程を通して女性に無意識に「他者への依存」「自分が無力であることの自覚」「誰かに守られていたい心理的依存状態」などが刷り込まれていき，形成されるこうした心理状態を指して「シンデレラ・コンプレックス」と呼んだ（ダウリング，1982）。

　また，たとえばごっこ遊びのひとつである「ままごと遊び」において「お母さんがご飯をつくる」という設定が固定化されれば，その背景には「女であるお母

さんがご飯をつくるのが当然である」という，特定の性役割が前提とされていることになる。

　児童文化財や，遊びの中にも特定のジェンダー意識がまぎれこんでいることもあり，そのことに保育者は敏感である必要がある。保育者が子どもたちの言動に注意を払い，子どもたちの中に固定的なジェンダー意識の芽生えを見出した場面では，常識化しつつあるジェンダー意識をあえて「ずらして」みせたり，別の可能性にも開かれていることを伝えることが重要であるといえる。

④ 乳幼児期からの「包括的性教育」

　先ほども述べた通り，日本では性に関する話題自体を子どもから遠ざけようとする傾向にあることが指摘されている。一般的に，性教育が遅れているといわれており，保育者の中に，こうした分野に関する正しい知識が浸透していないことが推察される。

　また，日本は男女格差が大きい社会であることも指摘されている。これも，後にみるように，性に関する学びが浸透していないこととも関係している可能性もある。保育現場にこれまで蓄積がないとしても，子どもたち個人の最善の利益を考えるうえで，今後力を注ぐべき分野であるといえる。

　先述の浅井は，性の学びに関する国際的な方向性は「包括的性教育」であると述べ，ユネスコによる『国際セクシュアリティ教育ガイダンス』（以下，『ガイダンス』）を「包括的性教育」の方向性を示す重要な文書のひとつと位置づけている（浅井，2020）。

　包括的性教育とは，『ガイダンス』におけるセクシュアリティ教育❶を指しており，セクシュアリティは，「人格と人格との触れ合いのすべてを包含するような幅の広い性概念であり，人間の身体の一部としての性器や性行動のほか，他人との人間的なつながりや愛情，友情，思いやり，包容力など，およそ人間関係における社会的，心理的側面やその背景にある成育環境などもすべて含まれる（浅井，2020）」とされている。『ガイダンス』は，「セクシュアリティ教育の必要性とめざすべき基本方向」が示され，そのうえで「5〜18歳の子どもと若者を対象とした基本的なセクシュアリティ教育の年齢段階ごとのテーマと学習課題が整理し提示」されている（浅井，2020，p.21）。

　テーマと学習課題は，「8つのキーコンセプト」に分けられている。その中に，いくつかのトピックが含まれており，各トピックについて，年齢段階ごとの学習目標が示されている。年齢段階は，「5〜8歳」「9〜12歳」「12〜15歳」「15〜18歳」の4段階に分かれている。そして資料1は，各トピックの「5〜8歳」の年齢段階における学習目標のカギとなる考え方（キーアイデア）をまとめたものである（表11−2）。

　まず，「8つのキーコンセプト」をみると，その内容は非常に多岐にわたって

❶ 包括的性教育の方向性を，浅井は以下のように説明する。①子どもの性的発達と知的要求や疑問に即して，②それぞれの社会の性情報の量と質，社会環境の実際を踏まえて，③子どもの性的自己決定能力を育むことと性的人権を保障するとりくみとして，④研究的実践と実践的研究を通して，自由闊達な実践を創造していくことをめざしており，そのためには　国・自治体・教育行政は現場の実践がやりやすいようにバックアップしていくという役割を果たし，さらに⑥実践の内容を検証し創造していくことに，教員だけでなく保護者や子ども自身も参加していくシステムを大事にしていること，などが挙げられている（浅井 2020：20−21）。

表11-2 基本的なセクシュアリティ教育の年齢段階ごとのテーマと学習課題

キーコンセプト	トピック	学習目標（5～8歳）の キーアイデア
1．人間関係	1-1家族	・世界には様々な家族の形がある ・家族のメンバーは異なるニーズと役割をもっている ・ジェンダー不平等は家族メンバーの役割や責任に影響することがある ・家族メンバーは子どもたちに価値観を教えることにおいて重要である
	1-2 友情，愛情，恋愛関係	・友情にはさまざまな形がある ・友情は信頼共有 尊重 共感 連帯に基づく ・人間関係は様々な愛情の形（友達との愛情 親との愛情恋愛パートナーとの愛情など）を含むもので，愛情は様々な方法で表現することができる ・健康的なおよび健康的でない人間関係がある
	1-3 寛容，包摂，尊重	・すべての人間は個々に異なりそれぞれにすばらしく，社会に貢献できる存在であり 尊重される権利がある
	1-4 長期の関係性と親になるということ	・さまざまな家族構成と結婚観がある
2．価値観，人権，文化，セクシュアリティ	2-1 価値観，セクシュアリティ	・価値観は個人，家族，コミュニティの中でつくられる大切なことへの強力な信条である
	2-2 人権 セクシュアリティ	・誰にでも人権がある
	2-3 文化 社会 セクシュアリティ	・自分自身，自分たちの感情，自分たちのからだについて学ぶのを助ける多くの情報源がある
3．ジェンダーの理解	3-1 ジェンダーとジェンダー規範の社会構築性	・生物学的セックス（生物学的性）とジェンダーの違いを知ることは重要である ・家族，個人，仲間，コミュニティはセックスとジェンダーについての情報源である
	3-2 ジェンダー平等，ジェンダーステレオタイプ，ジェンダーバイアス	・ジェンダーに関係なくすべての人に平等の価値がある
	3-3 ジェンダーに基づく暴力	・ジェンダーに基づく暴力とは何か，助けをどこに求めるべきかを知ることは重要である
4．暴力と安全確保	4-1暴力	・いじめ，暴力を認識し，それらは間違った行為であると理解することができる ・子ども虐待を認識でき，それが間違った行為であると理解することは重要である ・両親や恋愛関係にある人たちの間でも暴力は間違っていると理解することは重要である
	4-2 同意，プライバシー，からだの保全	・誰もが自らのからだに誰が，どこに，どのようにふれることができるのかを決める権利をもっている
	4-3 情報通信技術（ICTs）の安全な使い方	・インターネットやソーシャルメディアは情報収集や他者とつながる方法であり，安全に使うこともできる一方 子どもを含めて人々が傷つけられるリスクをもっている

キーコンセプト	トピック	学習目標（5〜8歳）のキーアイデア
5. 健康とウェルビーイング（幸福）のためのスキル	5-1　性的行動における規範と仲間の影響	・仲間からの影響はさまざまであり，よい場合も悪い場合もある
	5-2　意思決定	・誰もが自ら意思決定するに値し，そのすべての決定は結果をもたらす
	5-3　コミュニケーション，拒絶，交渉のスキル	・親，保護者，信頼するおとなと子どもとの関係性，そして友達やその他すべての人との関係性において，コミュニケーションは重要である ・ジェンダー役割は，人とのコミュニケーションに影響を及ぼす可能性がある
	5-4　メディアリテラシー，セクシュアリティ	・メディアにはさまざまな形態があり，それは正しい情報を提供するものも，間違った情報を提供するものもある
	5-5　援助と支援を見つける	・友だち，家族，先生，宗教の指導者，コミュニティのメンバーはお互いに助け合うことができるし，そうするべきである
6. 人間のからだと発達	6-1　性と生殖の解剖学と生理学	・自分のからだの名称と機能を知ることは需要で，性と生殖にかかわる器官も含め，それらについて知りたいと思うことは自然なことである ・障がいのある人を含む誰もが，恩寵に値するそれぞれにすばらしいからだをもっている
	6-2　生殖	・妊娠は，卵子と精子が結合し，子宮に着床して始まる ・妊娠は一般的に40週程度続き，妊娠中の女性のからだはさまざまな変化をたどる
	6-3　前期思春期	・前期思春期は，子どもが成長，成熟するにつれて発言する身体的，感情的変化が起こる時期である
	6-4　ボディイメージ	・すべてのからだは特別で，ここに異なりそれぞれにすばらしく，からだに対してはポジティブな感情を抱くべきである
7. セクシュアリティと性的行動	7-1　セックス，セクシュアリティ，生涯にわたる性	・一生を通して，自分のからだや他者と親しい関係になることを楽しむことは，人として自然なことである
	7-2　性的行動，性的反応	・人は他者にふれたり親密になったりすることで，相手に愛情を示すことができる ・子どもは，何が適切なタッチで，何が適切ではないタッチなのかを理解すべきである
8. 性と生殖に関する健康	8-1　妊娠，避妊	・妊娠は，自然な生物学的プロセスで，計画可能なものである
	8-2　HIVとAIDSのスティグマ，治療，ケア，サポート	・HIVと共に生きる人たちは平等な権利をもち，豊かな人生を送っている ・HIVと共に生きる人たちを支える医療がある
	8-3　HIVを含む性感染症リスクの理解，認識，低減	・免疫システムはからだを病気から守り，人の健康の維持を助ける ・人は病気にかかっていても健康的に見えることがある ・病気の有無にかかわらず，誰もが愛，ケア，サポートを必要としている

いることがわかる。「性の学び」という言葉で私たちがイメージする身体的な問題のみならず，価値観，人権，ジェンダー，健康と幸福，性的行動まで，非常に幅広い分野を含んでいる。性の問題が，人間の尊厳の根幹にかかわる問題であり，個々人の人権や幸福の実現と密接にかかわるものであるという認識をみてとることができる。そして，これらは幼少期から少しずつ教育されるべきことであると考えられていることがわかる。

5 性をめぐる子どもたちとの対話

　前節でみたように，性に関する幅広いトピックについて，少しずつ子どもたちと対話を開始することが重要である。保育者を含む大人の基本的な態度として，性に関する話題をさけたりはぐらかしたりせず，それが子どもたちとの対話を開始する重要なきっかけと捉えることである。

　ある子どもが好きな人がクラスにいるという話を聞いたときや，「男の子は（女の子は）○○だ」など性差による断定的な発言を耳にしたとき，子ども同士の身体的接触の様子を目の当たりにしたとき，それらはすべてこのような対話を開始するチャンスである。そして，どのように声をかけたり，話をするかは，私たち自身が包括的性教育のさまざまなコンセプトを理解しておく必要がある。

　そしてこのような議論は，ある場面で性に関する「難しい話題」をどう切り抜けるかという対処法として重要なのではない。それは，子どもたち一人ひとりが固有の性のあり様を尊重され，自由かつ幸福に生きていくための重要な一歩であり，多様な他者とともに生きていくための市民社会の一員として不可欠な資質をはぐくむ重要な一歩であるという認識が肝要である。

【参考文献】
■眞野豊『多様な性の視点でつくる学校教育　セクシュアリティによる差別をなくすための学びへ』松籟社，2020
■浅井春夫『包括的性教育－人権，性の多様性，ジェンダー平等を柱に』大月書店，2020
■コレット・ダウリング『シンデレラ・コンプレックス』三笠書房，1982
■若桑みどり『お姫様とジェンダー――アニメで学ぶ男と女のジェンダー学入門』筑摩書房，2003

第 11 章【学びのふりかえり】

次の 4 つの問いに答えてみよう。

① ジェンダー意識の押しつけはなぜ不適切なのか。その理由を記してみよう。

② 幼児教育・保育において，性の問題に関して保育者に求められる適切なかかわりを記してみよう。

③「包括的性教育」の定義を記してみよう。

④「男の子は（女の子は）○○○だ」など性差を固定する発言を子どもから聞いたとき，保育者はどのような態度で臨むべきか。考えて記してみよう。

第12章 多文化共生社会における幼児教育・保育の課題

学びのポイント

● 今日のグローバル化にともなう新たな国際問題や経済的側面，環境の変化などを知る。
● 日本の学校教育現場で増加する外国人児童生徒の状況についてデータをもとに理解する
● 保育3法令の変化と多文化共生社会に合わせた領域「人間関係」の今後を展望する。

1 グローバル化する世界

1）地球規模で問題共有が必要な現代

　今日，世界は従来の国際化という言葉で説明できない状況が進行している。社会，政治，経済，教育などあらゆる分野で国際化に代わって，グローバル化という言葉が使われるようになった。グローバル化は，ある地域または国家同士のヒト，モノ，カネ，情報が限定的な移動を繰り返すのみならず，地球規模のより激しく複雑な移動が常態化している。これらの移動は，従来の国民国家間の枠組みだけではコントロール不可能な状況を生み出したといえる。

　たとえば，近年のシリアの難民問題は，一気に EU 全体を巻き込んで政治・経済的テーマになって，未だ解決できていない。また，国際金融市場のマネーゲームは，特定地域の通貨危機を招いたり，アメリカ大手証券会社の倒産は世界経済を瞬時に不況に陥れたりするのである。また，タックスヘイブン（租税回避地）の問題は，国民国家の枠組を超えた脱税により，貧富の格差が世界的に拡大していることを実感させてくれる。このような現象は，グローバル化が進んでいる今日的状況を端的にあらわしているといえる。

　グローバル化における経済的側面を考えてみよう。特に市場の単一化は，容易に想像できる。ソビエト連邦の崩壊（1991年）や中国の改革開放政策（1980年以後）の実施により，かつての社会主義国家も資本主義経済システムを取り入れ，従来の計画経済と決別するようになった。その結果，資本主義経済システムがグローバルスタンダードとなり，あらゆる分野で徹底した市場原理が一定の拘束力を持つようになった。世界経済は以前よりも激しい競争にさらされ，豊かさを求める人間の欲望も国境を越え拡がっている。市場は，ギリシャの国債の暴落，アメリカの金融市場の浮き沈み，金融政策の変化などに敏感に反応する。いわば，かつてのように，国民国家間の政治システムやイデオロギーの相違による地理的，空間的隔たりが一定の緩衝地帯として機能することもなく，世界は巨大なひとつ

の市場へと変貌しているのである。

　実は，経済のみならず，疫病（新型コロナウイルス感染症など），災害，犯罪，戦争，地球温暖化，水不足，貧富の格差など，あらゆる社会問題が限定的な国民国家や地域（ローカルな）の取り組みでは対応できなくなり，地球規模で問題意識を共有しなければ，解決策を見出せないようになった。世界の多くの人々が東西冷戦体制下の国民国家システムの限界を疑いはじめ，かつて経験したことのない混沌とした状況になりつつあるといえる。

　上述したような事象をトランスナショナルまたはグローバルというカタカナ語で表現しているが，その定義も曖昧で的確な日本語も見つからないので，英語の表現をそのまま使っているのである。

２）自文化中心主義と文化相対主義

　グローバル化の進展は，異文化との接触を余儀なくする。人間は文化を営み，学習し，生活している。したがって，ある特定の文化の拘束から完全に自由になることはありえない。アメリカ人ならアメリカの文化の価値観や信念に影響されるし，日本人なら日本文化の枠組みで考える。しかし，異なる文化と共生するためには，互いの文化について一呼吸おいて，考えないといけないことが多々ある。

　ここでは，異文化を理解する視点について説明しておく。まずは，自文化中心主義について述べる。文化の概念や理解について専門的に扱う学問といえば，文化人類学をあげることができる。初期（19世紀）の文化人類学は，西欧社会と非西欧社会を単純に比較し，ヨーロッパのキリスト教社会をもっとも高いレベルに到達した文明とみなし，それ以外の社会を野蛮，未開な状態（社会）と位置づけ，見下していた。ヨーロッパによって植民地化された地域は，欠陥に満ちた未熟な社会制度を持っているとみなされていた。その際，彼らは自分たちの絶対的価値観もしくは基準で，異なる文化を理解していたのである。いわゆる「自文化中心主義＝ヨーロッパ文明中心主義」と呼ばれるものの見方である。つまり，自文化（社会）こそが真性・正常で，それ以外の文化は仮性，異常と捉える誤った理解が横行していた。その風潮は，「社会進化論」に支えられ，ヨーロッパ以外の多くの文化（社会）に対する偏見，固定観念を定着させる結果をもたらした。後に，「社会進化論」は，多くの人類学者の研究や現地調査などを通して批判的検討され，その誤った考え方を指摘されるようになった。しかし，今日まで続いている人種差別や白人優越主義の根源的拠り所であるといえる。

　一方，文化相対主義は，簡単にいえば，自文化と異文化がそれぞれ持つ価値観には，いずれが正しいと判断できる絶対的基準はないとする考え方である。人類学者は，長期間にわたって調査地に出かけ，参与観察を行い，「民族誌」を記述する。その作業を通して，絶えず，現地の文化と自文化の相対化を試みている。その際，現地の文化（人々）が自分たちより劣っているとか，自分たちの宗教観が優れているとかといった判断（自文化中心主義）がいかに馬鹿げているかを現地の人々

とのかかわりによって実感できるのである。異なる文化の価値観，信念，道徳，慣習を自分が属する文化を基準に一方的に推し量り，批判することは，誤った異文化のとらえ方である。文化相対主義は，グローバル化が進行している日本の幼児教育現場の多文化的状況を理解するためにも必要な視点だといえる。

② 日本の公立学校における外国人児童生徒の現況

1）保育教育現場が直面する多文化共生の問題

　1980年代以後，日本社会には，南米，アジアからの外国人労働者，中国残留帰国者，留学生などの多くの在住外国人が急増するようになった。このようなヒトの移動には文化の問題がつきまとう。ヒトは文化を背負って生きているからである。外国人が日本社会に一定期間居住すれば，その子どもは日本の学校に通うことになり，その家族は地域社会とのかかわりが生じるのである。その際，しばしば文化の問題が浮上する。

　イスラム教を信仰する人々は，宗教上の理由で豚肉の食用を禁じている。当然，日本の学校給食を利用できず，弁当を持参することになる。アメリカから来た子どもは，小学校で掃除当番をさせられて戸惑うという。アメリカでは，掃除は教育の一環ではなく，掃除をするスタッフがいるからである。また，ランドセルの存在をなかなか理解してくれない外国人の保護者もいる。この類の話は，枚挙に暇がない。つまり，グローバル化の進展とともに，日本の学校教育現場が多文化的状況にさらされるようになり，従来の日本の学校教育では想定していなかった多文化共生の問題に直面しているのである。

2）調査からみる外国人児童生徒の増加状況

　文部科学省の学校基本調査によると，日本の公立学校（小学校，中学校，高等学校，義務教育学校，中等教育学校および特別支援学校）に在籍している外国人児童生徒数は，2018（平成30）年5月1日現在，93,133人であり，2016（平成28）年度より13,014人（16.2％）増加している。さらに，日常会話や学習言語としての日本語習得に問題がある外国人児童生徒の状況を把握できるものとして，文科省の「日本語指導が必要な児童生徒の受入状況等に関する調査」がある。2018（平成30）年度調査結果の一部を紹介しておく。

　この調査は，1990（平成2）年「出入国管理及び難民認定法」の改正施行以後，1991（平成3）年から2年ごとに実施されている。**図12−1**は，日本社会のグローバル化の進行とともに日本語を母語としないニューカマーの児童生徒が日本の公立学校に増え続けているということを示している。

　日本語指導が必要な外国人児童生徒を母語別の人数と割合でみると，ポルトガル語が10,404人（25.5％），中国語が9,712人（23.8％），フィリピノ語が7,919人（19.4％），スペイン語が3,788人（9.3％），ベトナム語が1,845人（4.5％），

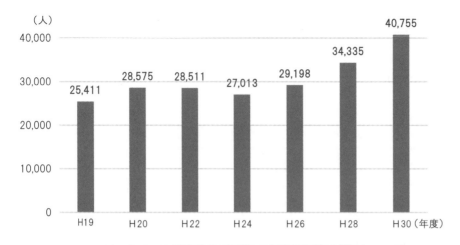

（人）

40,755

34,335

40,000

30,000

28,575　28,511

27,013

29,198

25,411

20,000

10,000

0

H19　　H20　　H22　　H24　　H26　　H28　　H30（年度）

図12－1　日本語指導が必要な外国籍の児童生徒数

英語が 1,106 人（2.7％），韓国・朝鮮語が 595 人（1.5％），その他の言語が 5,386
人（13.2％）である（**図12－2**）。ポルトカル語，中国語，フィリピノ語，ス
ペイン語，これらの 4 言語で全体の 78％を占めていることがわかる。その内訳
から，在日韓国朝鮮人のような戦前から日本社会に居住していた人々の子どもで
はなく，ニューカマーといわれる日系南米人，中国人，フィリピン人など就労目
的の在住外国人の子どもが増えていることが垣間見える。また，日本語を学習言
語として獲得していない外国人児童生徒の多言語化，多文化化は確実に進行して
いることもうかがえる。

　ここで，もうひとつ注目すべきは，日本語指導が必要な日本国籍の児童生徒の
存在である（**図12－3**）。平成 30 年度調査では 10,371 人で，平成 19 年度の
調査の 4,383 人から約 6 千人も増加（2.36 倍）している。文部科学省によると，「日

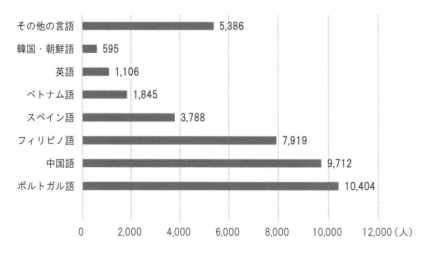

図12－2　日本語指導が必要な外国籍児童生徒の母語別在籍状況（平成 30 年度）

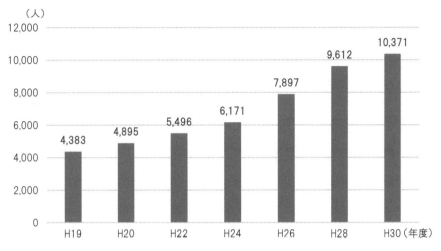

図12－3　日本語指導が必要な日本国籍の児童生徒数

本語指導が必要な日本国籍の児童生徒とは，帰国児童生徒のほかに日本国籍を含む重国籍の場合や，保護者の国際結婚により家庭内言語が日本語以外の場合などが考えられる」としている。

　日本語指導が必要な日本国籍の児童生徒を言語別にみると（平成30年度），フィリピノ語を使用する者が3,384人（32.6％），中国語2,149人（20.7％），日本語が1,201人（11.6％），英語が1,173人（11.3％），これらの4言語で全体の76.2％を占めていることがわかる。このデータからは，ニューカマーの外国人（主にフィリピン人や中国人）と日本人との国際結婚による子どもの増加が推察できる。

③ 幼児教育における多文化共生

1）保育3法令の変遷

　グローバル化の進行は，日本の幼児教育にも変化をもたらしている。2017（平成29）年告示の幼稚園教育要領 第1章 総則の「第5　特別な配慮を必要とする幼児への指導」において，下記の記述が新設されるようになった❶。同様の記述は，保育所保育指針や幼保連携型認定こども園保育・教育要領にも新設されている。

❶ 巻末資料・幼稚園教育要領 p.108 を参照。

> **2 海外から帰国した幼児や生活に必要な日本語の習得に困難のある幼児の幼稚園生活への適応**
> 　海外から帰国した幼児や生活に必要な日本語の習得に困難のある幼児については，安心して自己を発揮できるよう配慮するなど個々の幼児の実態に応じ，指導内容や指導方法の工夫を組織的かつ計画的に行うものとする。

また，領域「環境」の「内容の取扱い」において，「（4）文化や伝統に親しむ際には，正月や節句など我が国の伝統的行事，国歌，唱歌，わらべうたや我が国の伝統的遊びに親しんだり，異なる文化に触れる活動に親しんだりすることを通じて，社会とのつながりの意識や国際理解の意識の芽生えなどが養われるようにすること。」が新設された。同様の記述は，同じく保育所保育指針や幼保連携型認定こども園保育・教育要領にも示されている。以下，保育所保育指針および幼保連携型認定こども園保育・教育要領の多文化共生に関連する記述を確認しておく。

保育所保育指針　第2章 保育の内容

3　3歳以上児の保育に関するねらい及び内容

（2）ねらい及び内容　イ 人間関係

※旧指針「⑭外国人など，自分とは異なる文化を持った人に親しみを持つ。」を削除

4　保育の実施に関して留意すべき事項

（1）保育全般に関わる配慮事項

オ 子どもの国籍や文化の違いを認め，互いに尊重する心を育てるように配慮すること。

※旧指針「保育の実施上の配慮事項（1）－オ」を継承（ただし下線部変更）

幼保連携型認定こども園保育・教育要領　第2章 ねらい及び内容並びに配慮事項

第4 教育及び保育の実施に関する配慮事項　2

（5）園児の国籍や文化の違いを認め，互いに尊重する心を育てるようにすること。

※新設

　このような関連記述の変化は，明らかに海外からの帰国者や生活言語，学習言語としての日本語を獲得できていない外国人（日本国籍者も含む）の子どもに対する配慮であることはいうまでもない。つまり，幼少の接続の問題などを考慮して，幼児教育の段階で多文化共生教育を実践していく必要性に着目しているといえる。

　また，2017（平成29）年の告示から，幼稚園教育要領に前文が加わったのも関連している。前文は，冒頭，教育基本法1条（教育の目的），2条（教育の目標）の全文を掲載しており，2条の5は「伝統と文化を尊重し，それらをはぐくんできた我が国と郷土を愛するとともに，他国を尊重し，国際社会の平和と発展に寄与する態度を養うこと」である[1]。この目標の実現のためにも，多文化共生の観点を幼児教育において考慮すべき事項として取りあげられるのは，当然の帰結で

❶ 巻末資料・幼稚園教育要領 p.102 を参照。

あるといえる。

2) 文化の相互理解と他文化の尊重

　日本の子どもと外国人の子どもがともに学ぶためには，文化的背景が異なる子どもたちを偏見や先入観を持たずに受け入れる体制の構築が必要である。その際，何より重要なのは，互いの文化を理解し，互いの文化を尊重しようとする心構えであろう。換言すれば，多文化共生教育は，国籍や文化が異なる人々が互いを認め合い，日本社会の一員としてともに生きていくことができる社会の実現をめざすものであり，そのためには幼児教育段階での実施が望ましいといえる。

　幼稚園や保育所等で外国人の子どもを受け入れている教師・保育士の苦労をさまざまな機会を通して聞くことがある。彼らの戸惑いや悩みをまとめると次のような問題に集約される。言葉，食習慣，教育慣行などの問題である。

　言葉の問題は，子どもと保護者にわけて考える必要がある。日本語を生活言語として獲得できていない子どもの場合，幼稚園（保育所など）生活の全般にわたって問題を抱えることになる。教師との意思疎通がうまくいかず，「順番」「交替」「決まり事」などの生活に必要な基本的な概念を理解してもらえなかったり，集団行動を苦手にしたりするケースがみられるという。それでも，教師や友だちとの生活に慣れるにつれ，日本語能力が向上し徐々に改善に向かうという。

　これに対して，日本語ができない外国人保護者との意思疎通に起因するトラブルが子どもに比べて相対的に多いという。保育方針，年間行事，各種手続きなどの詳細な説明ができないままトラブルにつながるケースが多いという。一部，外国語に堪能な教員，日本人保護者の対応や地域や行政のボランティアの援助で問題を解決する場合もあるが，国・自治体の組織的な支援が必要である。

　また，言葉の問題は，永住を希望しているか否か，短期滞在か，来日歴，家庭内使用言語の数，国際結婚など個別の家庭の背景によってさまざまなケースが想定される。しかし，小学校以後の本格的な学習言語の習得を考慮すれば，幼児期における適切な対応が必要であることはいうまでもない。

　食習慣の問題は，文化に起因するものがほとんどである。イスラム教徒の場合，宗教上の禁忌がある。豚肉を食用せず，家庭から弁当を用意してもらう。まれではあるが，イスラム食を用意する保育園や幼稚園もあるという。宗教上の理由以外に，ベジタリアンの子どもや日本食になじまない子どもの個別対応にも苦労しているケースも散見される。また，「お弁当」の文化に馴染みがない地域から来日した保護者の場合，子どものお弁当づくりに戸惑いがあるという。また，離乳食の習慣がない地域の保護者にその理解を得るのも困難だという。

　日本特有の教育慣行に対する理解を得るのも容易ではないという。たとえば，裸足の保育を実践している保育園では，外国人の保護者の中にはその教育的意図をまったく理解してくれないケースもあるという。また，日本の保育園は真冬なのに子どもに薄着を強要されるとか，普段から女の子の肌の露出を極端に気にす

る外国人保護者もいる。また，幼稚園，保育園の諸行事，たとえば，七夕の飾り
や近所の神社の見学などを宗教行事としてとらえ，参加を拒否したりするケース
も珍しくない。

3）グローバル時代における領域「人間関係」を考える

　上述してきたような問題は，これまでの日本の幼児教育がじっくり考えてこな
かった課題でもある。これまで，「言語（日本語）のゲーム」に参加できない外
国人の子どもの存在を想定していなかったからである。しかし，近年のグローバ
ル化によって，幼児教育が連携すべき家庭および地域社会に異なる文化背景を
持った多様な外国人の定住は，集中型・分散型の違いはあれ，日本社会全体に広
がっている。今日のこのような現状を直視すれば，幼児教育現場において，子ど
もにとって「他者」とは何かを再度，問い直す作業が求められているといえよう。
というのは，これまで領域「人間関係」における「他者」とは，主に，同じ言語ゲー
ムに参加している家族（祖父母・親・兄弟姉妹），教師・保育者，地域社会の人々
など限定的であったといえるからである。しかし，日本の子どもにとって日本語
を母語としない「他者」との出会いは，彼らの社会化や自己の形成にどのような
意味を付与できるのか，両者間でいかなる相互作用が生成されるのか，それらを
問わなければならない時期に来ている。

【参考文献】

- 文部科学省「幼稚園教育要領解説」2018
- 厚生労働省「保育所保育指針解説」2018
- 文部科学省「日本語指導が必要な児童生徒の受入れ状況等に関する調査（平成 30 年度）
  の結果について」
  https://www.mext.go.jp/content/20200110_mxt-kyousei01-1421569_
  00001_02.pdf
- 関根政美『多文化主義社会の到来』朝日新聞社，2000

第12章【学びのふりかえり】

次の4つの問いに答えてみよう。

①「自文化中心主義」と「文化相対主義」の定義を簡略に記してみよう。
・「自文化中心主義」：   ・「文化相対主義」：
② 外国人児童生徒の増加にともなう文化的問題について，自分の経験や，情報等で知ったことを記してみよう。
・ ・ ・
③ 図12－2 日本語指導が必要な外国人児童生徒の母語別在籍状況から，現在日本で増加している外国籍児童の傾向を記してみよう。
④ 幼児教育の現場でグローバル化が進むにつれて，領域「人間関係」はどのように変化するか，自分の考えを記してみよう。

巻末資料　幼稚園教育要領

（平成 29 年 3 月 31 日文部科学省告示第 62 号）
（平成 30 年 4 月 1 日から施行）

教育は，教育基本法第１条に定めるとおり，人格の完成を目指し，平和で民主的な国家及び社会の形成者として必要な資質を備えた心身ともに健康な国民の育成を期すという目的のもと，同法第２条に掲げる次の目標を達成するよう行われなければならない。

1　幅広い知識と教養を身に付け，真理を求める態度を養い，豊かな情操と道徳心を培うとともに，健やかな身体を養うこと。

2　個人の価値を尊重して，その能力を伸ばし，創造性を培い，自主及び自律の精神を養うとともに，職業及び生活との関連を重視し，勤労を重んずる態度を養うこと。

3　正義と責任，男女の平等，自他の敬愛と協力を重んずるとともに，公共の精神に基づき，主体的に社会の形成に参画し，その発展に寄与する態度を養うこと。

4　生命を尊び，自然を大切にし，環境の保全に寄与する態度を養うこと。

5　伝統と文化を尊重し，それらをはぐくんできた我が国と郷土を愛するとともに，他国を尊重し，国際社会の平和と発展に寄与する態度を養うこと。

また，幼児期の教育については，同法第11条に掲げるとおり，生涯にわたる人格形成の基礎を培う重要なものであることにかんがみ，国及び地方公共団体は，幼児の健やかな成長に資する良好な環境の整備その他適当な方法によって，その振興に努めなければならないこととされている。

これからの幼稚園には，学校教育の始まりとして，こうした教育の目的及び目標の達成を目指しつつ，一人一人の幼児が，将来，自分のよさや可能性を認識するとともに，あらゆる他者を価値のある存在として尊重し，多様な人々と協働しながら様々な社会的変化を乗り越え，豊かな人生を切り拓き，持続可能な社会の創り手

となることができるようにするための基礎を培うことが求められる。このために必要な教育の在り方を具体化するのが，各幼稚園において教育の内容等を組織的かつ計画的に組み立てた教育課程である。

教育課程を通して，これからの時代に求められる教育を実現していくためには，よりよい学校教育を通してよりよい社会を創るという理念を学校と社会とが共有し，それぞれの幼稚園において，幼児期にふさわしい生活をどのように展開し，どのような資質・能力を育むようにするのかを教育課程において明確にしながら，社会との連携及び協働によりその実現を図っていくという，社会に開かれた教育課程の実現が重要となる。

幼稚園教育要領とは，こうした理念の実現に向けて必要となる教育課程の基準を大綱的に定めるものである。幼稚園教育要領が果たす役割の一つは，公の性質を有する幼稚園における教育水準を全国的に確保することである。また，各幼稚園がその特色を生かして創意工夫を重ね，長年にわたり積み重ねられてきた教育実践や学術研究の蓄積を生かしながら，幼児や地域の現状や課題を捉え，家庭や地域社会と協力して，幼稚園教育要領を踏まえた教育活動の更なる充実を図っていくことも重要である。

幼児の自発的な活動としての遊びを生み出すために必要な環境を整え，一人一人の資質・能力を育んでいくことは，教職員をはじめとする幼稚園関係者はもとより，家庭や地域の人々も含め，様々な立場から幼児や幼稚園に関わる全ての大人に期待される役割である。家庭との緊密な連携の下，小学校以降の教育や生涯にわたる学習とのつながりを見通しながら，幼児の自発的な活動としての遊びを通しての総合的な指導をする際に広く活用されるものとなることを期待して，ここに幼稚園教育要領を定める。

第1章　総則

第1　幼稚園教育の基本

　幼児期の教育は，生涯にわたる人格形成の基礎を培う重要なものであり，幼稚園教育は，学校教育法に規定する目的及び目標を達成するため，幼児期の特性を踏まえ，環境を通して行うものであることを基本とする。

　このため教師は，幼児との信頼関係を十分に築き，幼児が身近な環境に主体的に関わり，環境との関わり方や意味に気付き，これらを取り込もうとして，試行錯誤したり，考えたりするようになる幼児期の教育における見方・考え方を生かし，幼児と共によりよい教育環境を創造するように努めるものとする。これらを踏まえ，次に示す事項を重視して教育を行わなければならない。

　1　幼児は安定した情緒の下で自己を十分に発揮することにより発達に必要な体験を得ていくものであることを考慮して，幼児の主体的な活動を促し，幼児期にふさわしい生活が展開されるようにすること。

　2　幼児の自発的な活動としての遊びは，心身の調和のとれた発達の基礎を培う重要な学習であることを考慮して，遊びを通しての指導を中心として第2章に示すねらいが総合的に達成されるようにすること。

　3　幼児の発達は，心身の諸側面が相互に関連し合い，多様な経過をたどって成し遂げられていくものであること，また，幼児の生活経験がそれぞれ異なることなどを考慮して，幼児一人一人の特性に応じ，発達の課題に即した指導を行うようにすること。

　その際，教師は，幼児の主体的な活動が確保されるよう幼児一人一人の行動の理解と予想に基づき，計画的に環境を構成しなければならない。この場合において，教師は，幼児と人やものとの関わりが重要であることを踏まえ，教材を工夫し，物的・空間的環境を構成しなければならない。また，幼児一人一人の活動の場面に応じて，様々な役割を果たし，その活動を豊かにしなければならない。

第2　幼稚園教育において育みたい資質・能力及び「幼児期の終わりまでに育ってほしい姿」

　1　幼稚園においては，生きる力の基礎を育むため，この章の第1に示す幼稚園教育の基本を踏まえ，次に掲げる資質・能力を一体的に育むよう努めるものとする。

　(1)　豊かな体験を通じて，感じたり，気付いたり，分かったり，できるようになったりする「知識及び技能の基礎」

　(2)　気付いたことや，できるようになったことなどを使い，考えたり，試したり，工夫したり，表現したりする「思考力，判断力，表現力等の基礎」

　(3)　心情，意欲，態度が育つ中で，よりよい生活を営もうとする「学びに向かう力，人間性等」

　2　1に示す資質・能力は，第2章に示すねらい及び内容に基づく活動全体によって育むものである。

　3　次に示す「幼児期の終わりまでに育ってほしい姿」は，第2章に示すねらい及び内容に基づく活動全体を通して資質・能力が育まれている幼児の幼稚園修了時の具体的な姿であり，教師が指導を行う際に考慮するものである。

　(1)　健康な心と体

　　　幼稚園生活の中で，充実感をもって自分のやりたいことに向かって心と体を十分に働かせ，見通しをもって行動し，自ら健康で安全な生活をつくり出すようになる。

　(2)　自立心

　　　身近な環境に主体的に関わり様々な活動

を楽しむ中で，しなければならないことを自覚し，自分の力で行うために考えたり，工夫したりしながら，諦めずにやり遂げることで達成感を味わい，自信をもって行動するようになる。

(3) 協同性

友達と関わる中で，互いの思いや考えなどを共有し，共通の目的の実現に向けて，考えたり，工夫したり，協力したりし，充実感をもってやり遂げるようになる。

(4) 道徳性・規範意識の芽生え

友達と様々な体験を重ねる中で，してよいことや悪いことが分かり，自分の行動を振り返ったり，友達の気持ちに共感したりし，相手の立場に立って行動するようになる。また，きまりを守る必要性が分かり，自分の気持ちを調整し，友達と折り合いを付けながら，きまりをつくったり，守ったりするようになる。

(5) 社会生活との関わり

家族を大切にしようとする気持ちをもつとともに，地域の身近な人と触れ合う中で，人との様々な関わり方に気付き，相手の気持ちを考えて関わり，自分が役に立つ喜びを感じ，地域に親しみをもつようになる。また，幼稚園内外の様々な環境に関わる中で，遊びや生活に必要な情報を取り入れ，情報に基づき判断したり，情報を伝え合ったり，活用したりするなど，情報を役立てながら活動するようになるとともに，公共の施設を大切に利用するなどして，社会とのつながりなどを意識するようになる。

(6) 思考力の芽生え

身近な事象に積極的に関わる中で，物の性質や仕組みなどを感じ取ったり，気付いたりし，考えたり，予想したり，工夫したりするなど，多様な関わりを楽しむように

なる。また，友達の様々な考えに触れる中で，自分と異なる考えがあることに気付き，自ら判断したり，考え直したりするなど，新しい考えを生み出す喜びを味わいながら，自分の考えをよりよいものにするようになる。

(7) 自然との関わり・生命尊重

自然に触れて感動する体験を通して，自然の変化などを感じ取り，好奇心や探究心をもって考え言葉などで表現しながら，身近な事象への関心が高まるとともに，自然への愛情や畏敬の念をもつようになる。また，身近な動植物に心を動かされる中で，生命の不思議さや尊さに気付き，身近な動植物への接し方を考え，命あるものとしていたわり，大切にする気持ちをもって関わるようになる。

(8) 数量や図形，標識や文字などへの関心・感覚

遊びや生活の中で，数量や図形，標識や文字などに親しむ体験を重ねたり，標識や文字の役割に気付いたりし，自らの必要感に基づきこれらを活用し，興味や関心，感覚をもつようになる。

(9) 言葉による伝え合い

先生や友達と心を通わせる中で，絵本や物語などに親しみながら，豊かな言葉や表現を身に付け，経験したことや考えたことなどを言葉で伝えたり，相手の話を注意して聞いたりし，言葉による伝え合いを楽しむようになる。

(10) 豊かな感性と表現

心を動かす出来事などに触れ感性を働かせる中で，様々な素材の特徴や表現の仕方などに気付き，感じたことや考えたことを自分で表現したり，友達同士で表現する過程を楽しんだりし，表現する喜びを味わい，意欲をもつようになる。

第3 教育課程の役割と編成等

1 教育課程の役割

　各幼稚園においては，教育基本法及び学校教育法その他の法令並びにこの幼稚園教育要領の示すところに従い，創意工夫を生かし，幼児の心身の発達と幼稚園及び地域の実態に即応した適切な教育課程を編成するものとする。

　また，各幼稚園においては，6に示す全体的な計画にも留意しながら，「幼児期の終わりまでに育ってほしい姿」を踏まえ教育課程を編成すること，教育課程の実施状況を評価してその改善を図っていくこと，教育課程の実施に必要な人的又は物的な体制を確保するとともにその改善を図っていくことなどを通して，教育課程に基づき組織的かつ計画的に各幼稚園の教育活動の質の向上を図っていくこと（以下「カリキュラム・マネジメント」という。）に努めるものとする。

2 各幼稚園の教育目標と教育課程の編成

　教育課程の編成に当たっては，幼稚園教育において育みたい資質・能力を踏まえつつ，各幼稚園の教育目標を明確にするとともに，教育課程の編成についての基本的な方針が家庭や地域とも共有されるよう努めるものとする。

3 教育課程の編成上の基本的事項

(1) 幼稚園生活の全体を通して第2章に示すねらいが総合的に達成されるよう，教育課程に係る教育期間や幼児の生活経験や発達の過程などを考慮して具体的なねらいと内容を組織するものとする。この場合においては，特に，自我が芽生え，他者の存在を意識し，自己を抑制しようとする気持ちが生まれる幼児期の発達の特性を踏まえ，入園から修了に至るまでの長期的な視野をもって充実した生活が展開できるように配慮するものとする。

(2) 幼稚園の毎学年の教育課程に係る教育週数は，特別の事情のある場合を除き，39週を下ってはならない。

(3) 幼稚園の1日の教育課程に係る教育時間は，4時間を標準とする。ただし，幼児の心身の発達の程度や季節などに適切に配慮するものとする。

4 教育課程の編成上の留意事項

　教育課程の編成に当たっては，次の事項に留意するものとする。

(1) 幼児の生活は，入園当初の一人一人の遊びや教師との触れ合いを通して幼稚園生活に親しみ，安定していく時期から，他の幼児との関わりの中で幼児の主体的な活動が深まり，幼児が互いに必要な存在であることを認識するようになり，やがて幼児同士や学級全体で目的をもって協同して幼稚園生活を展開し，深めていく時期などに至るまでの過程を様々に経ながら広げられていくものであることを考慮し，活動がそれぞれの時期にふさわしく展開されるようにすること。

(2) 入園当初，特に，3歳児の入園については，家庭との連携を緊密にし，生活のリズムや安全面に十分配慮すること。また，満3歳児については，学年の途中から入園することを考慮し，幼児が安心して幼稚園生活を過ごすことができるよう配慮すること。

(3) 幼稚園生活が幼児にとって安全なものとなるよう，教職員による協力体制の下，幼児の主体的な活動を大切にしつつ，園庭や園舎などの環境の配慮や指導の工夫を行うこと。

5 小学校教育との接続に当たっての留意事項

(1) 幼稚園においては，幼稚園教育が，小学校以降の生活や学習の基盤の育成につながることに配慮し，幼児期にふさわしい生活を通して，創造的な思考や主体的な生活態度などの基礎を培うようにするものとする。

(2) 幼稚園教育において育まれた資質・能力を踏まえ，小学校教育が円滑に行われるよう，小学校の教師との意見交換や合同の研究の機会などを設け，「幼児期の終わりまでに育ってほしい姿」を共有するなど連携を図り，幼稚園教育と小学校教育との円滑な接続を図るよう努めるものとする。

6　全体的な計画の作成

各幼稚園においては，教育課程を中心に，第3章に示す教育課程に係る教育時間の終了後等に行う教育活動の計画，学校保健計画，学校安全計画などとを関連させ，一体的に教育活動が展開されるよう全体的な計画を作成するものとする。

第4　指導計画の作成と幼児理解に基づいた評価

1　指導計画の考え方

幼稚園教育は，幼児が自ら意欲をもって環境と関わることによりつくり出される具体的な活動を通して，その目標の達成を図るものである。

幼稚園においてはこのことを踏まえ，幼児期にふさわしい生活が展開され，適切な指導が行われるよう，それぞれの幼稚園の教育課程に基づき，調和のとれた組織的，発展的な指導計画を作成し，幼児の活動に沿った柔軟な指導を行わなければならない。

2　指導計画の作成上の基本的事項

(1) 指導計画は，幼児の発達に即して一人一人の幼児が幼児期にふさわしい生活を展開し，必要な体験を得られるようにするために，具体的に作成するものとする。

(2) 指導計画の作成に当たっては，次に示すところにより，具体的なねらい及び内容を明確に設定し，適切な環境を構成することなどにより活動が選択・展開されるようにするものとする。

ア　具体的なねらい及び内容は，幼稚園生活における幼児の発達の過程を見通し，幼児の生活の連続性，季節の変化などを考慮して，幼児の興味や関心，発達の実情などに応じて設定すること。

イ　環境は，具体的なねらいを達成するために適切なものとなるように構成し，幼児が自らその環境に関わることにより様々な活動を展開しつつ必要な体験を得られるようにすること。その際，幼児の生活する姿や発想を大切にし，常にその環境が適切なものとなるようにすること。

ウ　幼児の行う具体的な活動は，生活の流れの中で様々に変化するものであることに留意し，幼児が望ましい方向に向かって自ら活動を展開していくことができるよう必要な援助をすること。その際，幼児の実態及び幼児を取り巻く状況の変化などに即して指導の過程についての評価を適切に行い，常に指導計画の改善を図るものとする。

3　指導計画の作成上の留意事項

指導計画の作成に当たっては，次の事項に留意するものとする。

(1) 長期的に発達を見通した年，学期，月などにわたる長期の指導計画やこれとの関連を保ちながらより具体的な幼児の生活に即した週，日などの短期の指導計画を作成し，適切な指導が行われるようにするこ

と。特に，週，日などの短期の指導計画については，幼児の生活のリズムに配慮し，幼児の意識や興味の連続性のある活動が相互に関連して幼稚園生活の自然な流れの中に組み込まれるようにすること。

(2) 幼児が様々な人やものとの関わりを通して，多様な体験をし，心身の調和のとれた発達を促すようにしていくこと。その際，幼児の発達に即して主体的・対話的で深い学びが実現するようにするとともに，心を動かされる体験が次の活動を生み出すことを考慮し，一つ一つの体験が相互に結び付き，幼稚園生活が充実するようにすること。

(3) 言語に関する能力の発達と思考力等の発達が関連していることを踏まえ，幼稚園生活全体を通して，幼児の発達を踏まえた言語環境を整え，言語活動の充実を図ること。

(4) 幼児が次の活動への期待や意欲をもつことができるよう，幼児の実態を踏まえながら，教師や他の幼児と共に遊びや生活の中で見通しをもったり，振り返ったりするよう工夫すること。

(5) 行事の指導に当たっては，幼稚園生活の自然の流れの中で生活に変化や潤いを与え，幼児が主体的に楽しく活動できるようにすること。なお，それぞれの行事についてはその教育的価値を十分検討し，適切なものを精選し，幼児の負担にならないようにすること。

(6) 幼児期は直接的な体験が重要であることを踏まえ，視聴覚教材やコンピュータなど情報機器を活用する際には，幼稚園生活では得難い体験を補完するなど，幼児の体験との関連を考慮すること。

(7) 幼児の主体的な活動を促すためには，教師が多様な関わりをもつことが重要であることを踏まえ，教師は，理解者，共同作業者など様々な役割を果たし，幼児の発達に必要な豊かな体験が得られるよう，活動の場面に応じて，適切な指導を行うようにすること。

(8) 幼児の行う活動は，個人，グループ，学級全体などで多様に展開されるものであることを踏まえ，幼稚園全体の教師による協力体制を作りながら，一人一人の幼児が興味や欲求を十分に満足させるよう適切な援助を行うようにすること。

4　幼児理解に基づいた評価の実施

幼児一人一人の発達の理解に基づいた評価の実施に当たっては，次の事項に配慮するものとする。

(1) 指導の過程を振り返りながら幼児の理解を進め，幼児一人一人のよさや可能性などを把握し，指導の改善に生かすようにすること。その際，他の幼児との比較や一定の基準に対する達成度についての評定によって捉えるものではないことに留意すること。

(2) 評価の妥当性や信頼性が高められるよう創意工夫を行い，組織的かつ計画的な取組を推進するとともに，次年度又は小学校等にその内容が適切に引き継がれるようにすること。

第5　特別な配慮を必要とする幼児への指導

1　障害のある幼児などへの指導

障害のある幼児などへの指導に当たっては，集団の中で生活することを通して全体的な発達を促していくことに配慮し，特別支援学校などの助言又は援助を活用しつつ，個々の幼児の障害の状態などに応じた指導内容や指導方法の工夫を組織的かつ計画的に行うものとする。また，家庭，地域及び医療や福祉，保健等の業務を行う関係機関

との連携を図り，長期的な視点で幼児への教育的支援を行うために，個別の教育支援計画を作成し活用することに努めるとともに，個々の幼児の実態を的確に把握し，個別の指導計画を作成し活用することに努めるものとする。

2　海外から帰国した幼児や生活に必要な日本語の習得に困難のある幼児の幼稚園生活への適応

　海外から帰国した幼児や生活に必要な日本語の習得に困難のある幼児については，安心して自己を発揮できるよう配慮するなど個々の幼児の実態に応じ，指導内容や指導方法の工夫を組織的かつ計画的に行うものとする。

第6　幼稚園運営上の留意事項

1　各幼稚園においては，園長の方針の下に，園務分掌に基づき教職員が適切に役割を分担しつつ，相互に連携しながら，教育課程や指導の改善を図るものとする。また，各幼稚園が行う学校評価については，教育課程の編成，実施，改善が教育活動や幼稚園運営の中核となることを踏まえ，カリキュラム・マネジメントと関連付けながら実施するよう留意するものとする。

2　幼児の生活は，家庭を基盤として地域社会を通じて次第に広がりをもつものであることに留意し，家庭との連携を十分に図るなど，幼稚園における生活が家庭や地域社会と連続性を保ちつつ展開されるようにするものとする。その際，地域の自然，高齢者や異年齢の子供などを含む人材，行事や公共施設などの地域の資源を積極的に活用し，幼児が豊かな生活体験を得られるように工夫するものとする。また，家庭との連携に当たっては，保護者との情報交換の機会を設けたり，保護者と幼児との活動の機会を設けたりなどすることを通じて，保護者の幼児期の教育に関する理解が深まるよう配慮するものとする。

3　地域や幼稚園の実態等により，幼稚園間に加え，保育所，幼保連携型認定こども園，小学校，中学校，高等学校及び特別支援学校などとの間の連携や交流を図るものとする。特に，幼稚園教育と小学校教育の円滑な接続のため，幼稚園の幼児と小学校の児童との交流の機会を積極的に設けるようにするものとする。また，障害のある幼児児童生徒との交流及び共同学習の機会を設け，共に尊重し合いながら協働して生活していく態度を育むよう努めるものとする。

第7　教育課程に係る教育時間終了後等に行う教育活動など

　幼稚園は，第3章に示す教育課程に係る教育時間の終了後等に行う教育活動について，学校教育法に規定する目的及び目標並びにこの章の第1に示す幼稚園教育の基本を踏まえ実施するものとする。また，幼稚園の目的の達成に資するため，幼児の生活全体が豊かなものとなるよう家庭や地域における幼児期の教育の支援に努めるものとする。

第2章　ねらい及び内容

　この章に示すねらいは，幼稚園教育において育みたい資質・能力を幼児の生活する姿から捉えたものであり，内容は，ねらいを達成するために指導する事項である。各領域は，これらを幼児の発達の側面から，心身の健康に関する領域「健康」，人との関わりに関する領域「人間関係」，身近な環境との関わりに関する領域「環境」，言葉の獲得に関する領域「言葉」及び感性と表現に関する領域「表現」としてまとめ，示したものである。内容の取扱いは，幼児の発達を踏まえた指導を行うに当たって留意す

べき事項である。

　各領域に示すねらいは，幼稚園における生活の全体を通じ，幼児が様々な体験を積み重ねる中で相互に関連をもちながら次第に達成に向かうものであること，内容は，幼児が環境に関わって展開する具体的な活動を通して総合的に指導されるものであることに留意しなければならない。

　また，「幼児期の終わりまでに育ってほしい姿」が，ねらい及び内容に基づく活動全体を通して資質・能力が育まれている幼児の幼稚園修了時の具体的な姿であることを踏まえ，指導を行う際に考慮するものとする。

　なお，特に必要な場合には，各領域に示すねらいの趣旨に基づいて適切な，具体的な内容を工夫し，それを加えても差し支えないが，その場合には，それが第1章の第1に示す幼稚園教育の基本を逸脱しないよう慎重に配慮する必要がある。

健康

〔健康な心と体を育て，自ら健康で安全な生活をつくり出す力を養う。〕

1　ねらい

(1) 明るく伸び伸びと行動し，充実感を味わう。

(2) 自分の体を十分に動かし，進んで運動しようとする。

(3) 健康，安全な生活に必要な習慣や態度を身に付け，見通しをもって行動する。

2　内容

(1) 先生や友達と触れ合い，安定感をもって行動する。

(2) いろいろな遊びの中で十分に体を動かす。

(3) 進んで戸外で遊ぶ。

(4) 様々な活動に親しみ，楽しんで取り組む。

(5) 先生や友達と食べることを楽しみ，食べ物への興味や関心をもつ。

(6) 健康な生活のリズムを身に付ける。

(7) 身の回りを清潔にし，衣服の着脱，食事，排泄（せつ）などの生活に必要な活動を自分でする。

(8) 幼稚園における生活の仕方を知り，自分たちで生活の場を整えながら見通しをもって行動する。

(9) 自分の健康に関心をもち，病気の予防などに必要な活動を進んで行う。

(10) 危険な場所，危険な遊び方，災害時などの行動の仕方が分かり，安全に気を付けて行動する。

3　内容の取扱い

　上記の取扱いに当たっては，次の事項に留意する必要がある。

(1) 心と体の健康は，相互に密接な関連があるものであることを踏まえ，幼児が教師や他の幼児との温かい触れ合いの中で自己の存在感や充実感を味わうことなどを基盤として，しなやかな心と体の発達を促すこと。特に，十分に体を動かす気持ちよさを体験し，自ら体を動かそうとする意欲が育つようにすること。

(2) 様々な遊びの中で，幼児が興味や関心，能力に応じて全身を使って活動することにより，体を動かす楽しさを味わい，自分の体を大切にしようとする気持ちが育つようにすること。その際，多様な動きを経験する中で，体の動きを調整するようにすること。

(3) 自然の中で伸び伸びと体を動かして遊ぶことにより，体の諸機能の発達が促されることに留意し，幼児の興味や関心が戸外にも向くようにすること。その際，幼児の動線に配慮した園庭や遊具の配置などを工夫すること。

(4) 健康な心と体を育てるためには食育を通じた望ましい食習慣の形成が大切であることを踏まえ，幼児の食生活の実情に配慮し，

和やかな雰囲気の中で教師や他の幼児と食べる喜びや楽しさを味わったり，様々な食べ物への興味や関心をもったりするなどし，食の大切さに気付き，進んで食べようとする気持ちが育つようにすること。

(5) 基本的な生活習慣の形成に当たっては，家庭での生活経験に配慮し，幼児の自立心を育て，幼児が他の幼児と関わりながら主体的な活動を展開する中で，生活に必要な習慣を身に付け，次第に見通しをもって行動できるようにすること。

(6) 安全に関する指導に当たっては，情緒の安定を図り，遊びを通して安全についての構えを身に付け，危険な場所や事物などが分かり，安全についての理解を深めるようにすること。また，交通安全の習慣を身に付けるようにするとともに，避難訓練などを通して，災害などの緊急時に適切な行動がとれるようにすること。

人間関係

〔他の人々と親しみ，支え合って生活するために，自立心を育て，人と関わる力を養う。〕

1 ねらい

(1) 幼稚園生活を楽しみ，自分の力で行動することの充実感を味わう。

(2) 身近な人と親しみ，関わりを深め，工夫したり，協力したりして一緒に活動する楽しさを味わい，愛情や信頼感をもつ。

(3) 社会生活における望ましい習慣や態度を身に付ける。

2 内容

(1) 先生や友達と共に過ごすことの喜びを味わう。

(2) 自分で考え，自分で行動する。

(3) 自分でできることは自分でする。

(4) いろいろな遊びを楽しみながら物事をやり遂げようとする気持ちをもつ。

(5) 友達と積極的に関わりながら喜びや悲しみを共感し合う。

(6) 自分の思ったことを相手に伝え，相手の思っていることに気付く。

(7) 友達のよさに気付き，一緒に活動する楽しさを味わう。

(8) 友達と楽しく活動する中で，共通の目的を見いだし，工夫したり，協力したりなどする。

(9) よいことや悪いことがあることに気付き，考えながら行動する。

(10) 友達との関わりを深め，思いやりをもつ。

(11) 友達と楽しく生活する中できまりの大切さに気付き，守ろうとする。

(12) 共同の遊具や用具を大切にし，皆で使う。

(13) 高齢者をはじめ地域の人々などの自分の生活に関係の深いいろいろな人に親しみをもつ。

3 内容の取扱い

上記の取扱いに当たっては，次の事項に留意する必要がある。

(1) 教師との信頼関係に支えられて自分自身の生活を確立していくことが人と関わる基盤となることを考慮し，幼児が自ら周囲に働き掛けることにより多様な感情を体験し，試行錯誤しながら諦めずにやり遂げることの達成感や，前向きな見通しをもって自分の力で行うことの充実感を味わうことができるよう，幼児の行動を見守りながら適切な援助を行うようにすること。

(2) 一人一人を生かした集団を形成しながら人と関わる力を育てていくようにすること。その際，集団の生活の中で，幼児が自己を発揮し，教師や他の幼児に認められる体験をし，自分のよさや特徴に気付き，自信をもって行動できるようにすること。

(3) 幼児が互いに関わりを深め，協同して遊ぶようになるため，自ら行動する力を育てるようにするとともに，他の幼児と試行錯誤しながら活動を展開する楽しさや共通の目的が実現する喜びを味わうことができるようにすること。

(4) 道徳性の芽生えを培うに当たっては，基本的な生活習慣の形成を図るとともに，幼児が他の幼児との関わりの中で他人の存在に気付き，相手を尊重する気持ちをもって行動できるようにし，また，自然や身近な動植物に親しむことなどを通して豊かな心情が育つようにすること。特に，人に対する信頼感や思いやりの気持ちは，葛藤やつまずきをも体験し，それらを乗り越えることにより次第に芽生えてくることに配慮すること。

(5) 集団の生活を通して，幼児が人との関わりを深め，規範意識の芽生えが培われることを考慮し，幼児が教師との信頼関係に支えられて自己を発揮する中で，互いに思いを主張し，折り合いを付ける体験をし，きまりの必要性などに気付き，自分の気持ちを調整する力が育つようにすること。

(6) 高齢者をはじめ地域の人々などの自分の生活に関係の深いいろいろな人と触れ合い，自分の感情や意志を表現しながら共に楽しみ，共感し合う体験を通して，これらの人々などに親しみをもち，人と関わることの楽しさや人の役に立つ喜びを味わうことができるようにすること。また，生活を通して親や祖父母などの家族の愛情に気付き，家族を大切にしようとする気持ちが育つようにすること。

環境

〔周囲の様々な環境に好奇心や探究心をもって関わり，それらを生活に取り入れていこうとする力を養う。〕

1　ねらい

(1) 身近な環境に親しみ，自然と触れ合う中で様々な事象に興味や関心をもつ。

(2) 身近な環境に自分から関わり，発見を楽しんだり，考えたりし，それを生活に取り入れようとする。

(3) 身近な事象を見たり，考えたり，扱ったりする中で，物の性質や数量，文字などに対する感覚を豊かにする。

2　内容

(1) 自然に触れて生活し，その大きさ，美しさ，不思議さなどに気付く。

(2) 生活の中で，様々な物に触れ，その性質や仕組みに興味や関心をもつ。

(3) 季節により自然や人間の生活に変化のあることに気付く。

(4) 自然などの身近な事象に関心をもち，取り入れて遊ぶ。

(5) 身近な動植物に親しみをもって接し，生命の尊さに気付き，いたわったり，大切にしたりする。

(6) 日常生活の中で，我が国や地域社会における様々な文化や伝統に親しむ。

(7) 身近な物を大切にする。

(8) 身近な物や遊具に興味をもって関わり，自分なりに比べたり，関連付けたりしながら考えたり，試したりして工夫して遊ぶ。

(9) 日常生活の中で数量や図形などに関心をもつ。

(10) 日常生活の中で簡単な標識や文字などに関心をもつ。

(11) 生活に関係の深い情報や施設などに興味や関心をもつ。

(12) 幼稚園内外の行事において国旗に親しむ。

3　内容の取扱い

上記の取扱いに当たっては，次の事項に留意

する必要がある。

　(1)　幼児が，遊びの中で周囲の環境と関わり，次第に周囲の世界に好奇心を抱き，その意味や操作の仕方に関心をもち，物事の法則性に気付き，自分なりに考えることができるようになる過程を大切にすること。また，他の幼児の考えなどに触れて新しい考えを生み出す喜びや楽しさを味わい，自分の考えをよりよいものにしようとする気持ちが育つようにすること。

　(2)　幼児期において自然のもつ意味は大きく，自然の大きさ，美しさ，不思議さなどに直接触れる体験を通して，幼児の心が安らぎ，豊かな感情，好奇心，思考力，表現力の基礎が培われることを踏まえ，幼児が自然との関わりを深めることができるよう工夫すること。

　(3)　身近な事象や動植物に対する感動を伝え合い，共感し合うことなどを通して自分から関わろうとする意欲を育てるとともに，様々な関わり方を通してそれらに対する親しみや畏敬の念，生命を大切にする気持ち，公共心，探究心などが養われるようにすること。

　(4)　文化や伝統に親しむ際には，正月や節句など我が国の伝統的な行事，国歌，唱歌，わらべうたや我が国の伝統的な遊びに親しんだり，異なる文化に触れる活動に親しんだりすることを通じて，社会とのつながりの意識や国際理解の意識の芽生えなどが養われるようにすること。

　(5)　数量や文字などに関しては，日常生活の中で幼児自身の必要感に基づく体験を大切にし，数量や文字などに関する興味や関心，感覚が養われるようにすること。

言葉

〔経験したことや考えたことなどを自分なりの言葉で表現し，相手の話す言葉を聞こうとする意欲や態度を育て，言葉に対する感覚や言葉で表現する力を養う。〕

1　ねらい

　(1)　自分の気持ちを言葉で表現する楽しさを味わう。

　(2)　人の言葉や話などをよく聞き，自分の経験したことや考えたことを話し，伝え合う喜びを味わう。

　(3)　日常生活に必要な言葉が分かるようになるとともに，絵本や物語などに親しみ，言葉に対する感覚を豊かにし，先生や友達と心を通わせる。

2　内容

　(1)　先生や友達の言葉や話に興味や関心をもち，親しみをもって聞いたり，話したりする。

　(2)　したり，見たり，聞いたり，感じたり，考えたりなどしたことを自分なりに言葉で表現する。

　(3)　したいこと，してほしいことを言葉で表現したり，分からないことを尋ねたりする。

　(4)　人の話を注意して聞き，相手に分かるように話す。

　(5)　生活の中で必要な言葉が分かり，使う。

　(6)　親しみをもって日常の挨拶をする。

　(7)　生活の中で言葉の楽しさや美しさに気付く。

　(8)　いろいろな体験を通じてイメージや言葉を豊かにする。

　(9)　絵本や物語などに親しみ，興味をもって聞き，想像をする楽しさを味わう。

　(10)　日常生活の中で，文字などで伝える楽しさを味わう。

3　内容の取扱い

　上記の取扱いに当たっては，次の事項に留意する必要がある。

　(1)　言葉は，身近な人に親しみをもって接し，

自分の感情や意志などを伝え，それに相手が応答し，その言葉を聞くことを通して次第に獲得されていくものであることを考慮して，幼児が教師や他の幼児と関わることにより心を動かされるような体験をし，言葉を交わす喜びを味わえるようにすること。

(2) 幼児が自分の思いを言葉で伝えるとともに，教師や他の幼児などの話を興味をもって注意して聞くことを通して次第に話を理解するようになっていき，言葉による伝え合いができるようにすること。

(3) 絵本や物語などで，その内容と自分の経験とを結び付けたり，想像を巡らせたりするなど，楽しみを十分に味わうことによって，次第に豊かなイメージをもち，言葉に対する感覚が養われるようにすること。

(4) 幼児が生活の中で，言葉の響きやリズム，新しい言葉や表現などに触れ，これらを使う楽しさを味わえるようにすること。その際，絵本や物語に親しんだり，言葉遊びなどをしたりすることを通して，言葉が豊かになるようにすること。

(5) 幼児が日常生活の中で，文字などを使いながら思ったことや考えたことを伝える喜びや楽しさを味わい，文字に対する興味や関心をもつようにすること。

表現

〔感じたことや考えたことを自分なりに表現することを通して，豊かな感性や表現する力を養い，創造性を豊かにする。〕

1　ねらい
(1) いろいろなものの美しさなどに対する豊かな感性をもつ。
(2) 感じたことや考えたことを自分なりに表現して楽しむ。
(3) 生活の中でイメージを豊かにし，様々な表現を楽しむ。

2　内容
(1) 生活の中で様々な音，形，色，手触り，動きなどに気付いたり，感じたりするなどして楽しむ。
(2) 生活の中で美しいものや心を動かす出来事に触れ，イメージを豊かにする。
(3) 様々な出来事の中で，感動したことを伝え合う楽しさを味わう。
(4) 感じたこと，考えたことなどを音や動きなどで表現したり，自由にかいたり，つくったりなどする。
(5) いろいろな素材に親しみ，工夫して遊ぶ。
(6) 音楽に親しみ，歌を歌ったり，簡単なリズム楽器を使ったりなどする楽しさを味わう。
(7) かいたり，つくったりすることを楽しみ，遊びに使ったり，飾ったりなどする。
(8) 自分のイメージを動きや言葉などで表現したり，演じて遊んだりするなどの楽しさを味わう。

3　内容の取扱い
上記の取扱いに当たっては，次の事項に留意する必要がある。
(1) 豊かな感性は，身近な環境と十分に関わる中で美しいもの，優れたもの，心を動かす出来事などに出会い，そこから得た感動を他の幼児や教師と共有し，様々に表現することなどを通して養われるようにすること。その際，風の音や雨の音，身近にある草や花の形や色など自然の中にある音，形，色などに気付くようにすること。
(2) 幼児の自己表現は素朴な形で行われることが多いので，教師はそのような表現を受容し，幼児自身の表現しようとする意欲を受け止めて，幼児が生活の中で幼児らしい様々な表現を楽しむことができるようにすること。
(3) 生活経験や発達に応じ，自ら様々な表現

を楽しみ，表現する意欲を十分に発揮させることができるように，遊具や用具などを整えたり，様々な素材や表現の仕方に親しんだり，他の幼児の表現に触れられるよう配慮したりし，表現する過程を大切にして自己表現を楽しめるように工夫すること。

第3章　教育課程に係る教育時間の終了後等に行う教育活動などの留意事項

1　地域の実態や保護者の要請により，教育課程に係る教育時間の終了後等に希望する者を対象に行う教育活動については，幼児の心身の負担に配慮するものとする。また，次の点にも留意するものとする。

(1)　教育課程に基づく活動を考慮し，幼児期にふさわしい無理のないものとなるようにすること。その際，教育課程に基づく活動を担当する教師と緊密な連携を図るようにすること。

(2)　家庭や地域での幼児の生活も考慮し，教育課程に係る教育時間の終了後等に行う教育活動の計画を作成するようにすること。その際，地域の人々と連携するなど，地域の様々な資源を活用しつつ，多様な体験ができるようにすること。

(3)　家庭との緊密な連携を図るようにすること。その際，情報交換の機会を設けたりするなど，保護者が，幼稚園と共に幼児を育てるという意識が高まるようにすること。

(4)　地域の実態や保護者の事情とともに幼児の生活のリズムを踏まえつつ，例えば実施日数や時間などについて，弾力的な運用に配慮すること。

(5)　適切な責任体制と指導体制を整備した上で行うようにすること。

2　幼稚園の運営に当たっては，子育ての支援のために保護者や地域の人々に機能や施設を開放して，園内体制の整備や関係機関との連携及び協力に配慮しつつ，幼児期の教育に関する相談に応じたり，情報を提供したり，幼児と保護者との登園を受け入れたり，保護者同士の交流の機会を提供したりするなど，幼稚園と家庭が一体となって幼児と関わる取組を進め，地域における幼児期の教育のセンターとしての役割を果たすよう努めるものとする。その際，心理や保健の専門家，地域の子育て経験者等と連携・協働しながら取り組むよう配慮するものとする。

保育所保育指針，幼保連携型認定こども園教育・保育要領については以下を参照。
保育所保育指針
（平成 29 年 3 月 31 日厚生労働省告示第 117 号）（平成 30 年 4 月 1 日施行）
https://www.mhlw.go.jp/file/06-Seisakujouhou-11900000-Koyoukintoujidoukateikyoku/0000160000.pdf
幼保連携型認定こども園教育・保育要領
（平成 29 年 3 月 31 内閣府・文部科学省・厚生労働省告示第 1 号）（平成 30 年 4 月 1 日施行）
https://www8.cao.go.jp/shoushi/kodomoen/pdf/kokujibun.pdf

さくいん

幼児と人間関係
－保育者をめざす－

2021 年 4 月 5 日　　第一版第 1 刷発行
2024 年 4 月 1 日　　第一版第 3 刷発行

編 著 者　　金俊華　垂見直樹
著　　　者　　福留留美　橋本翼

発 行 者　　宇野文博
発 行 所　　株式会社　同文書院
　　　　　　〒 112-0002
　　　　　　東京都文京区小石川 5-24-3
　　　　　　TEL （03) 3812-7777
　　　　　　FAX （03) 3812-7792
　　　　　　振替　00100-4-1316
装丁・DTP　稲垣園子
印刷・製本　中央精版印刷株式会社